Ofra Walter
Vered Shenaar-Golan

Adolescentes,Pais,Imagem Corporal e Bem-Estar

Ofra Walter
Vered Shenaar-Golan

Adolescentes,Pais,Imagem Corporal e Bem-Estar

ScienciaScripts

Imprint

Any brand names and product names mentioned in this book are subject to trademark, brand or patent protection and are trademarks or registered trademarks of their respective holders. The use of brand names, product names, common names, trade names, product descriptions etc. even without a particular marking in this work is in no way to be construed to mean that such names may be regarded as unrestricted in respect of trademark and brand protection legislation and could thus be used by anyone.

Cover image: www.ingimage.com

This book is a translation from the original published under ISBN 978-3-659-83566-7.

Publisher:
Sciencia Scripts
is a trademark of
Dodo Books Indian Ocean Ltd. and OmniScriptum S.R.L publishing group

120 High Road, East Finchley, London, N2 9ED, United Kingdom
Str. Armeneasca 28/1, office 1, Chisinau MD-2012, Republic of Moldova, Europe
Printed at: see last page
ISBN: 978-620-8-27718-5

Este livro é dedicado às nossas mães,

Susan Mosiki, em memória abençoada, e Naomi Shuster,
e às nossas filhas,

Inbar, Amit e Oren (Walter), Sapir, Bar e Lee (Golã).

Índice

INTRODUÇÃO

Este volume é o fruto de uma investigação e de uma troca de ideias permanentes, de um diálogo entre investigadores nos domínios da educação e do trabalho social.

As transições da infância para a adolescência e, depois, para a maternidade e o profissionalismo, aguçaram as diferentes camadas e bancos de memória que criam a minha autoimagem e a minha imagem corporal. O significado da imagem corporal tornou-se evidente quando percebi que as minhas filhas estavam preocupadas com a sua própria imagem, apesar de duas serem atletas de competição e uma ser bailarina profissional. De repente, estava diante de um espelho que reflectia imagens de diferentes períodos da minha vida, quando enfrentei o choque entre as minhas atitudes e as da minha mãe, rejeitando os seus cozinhados, que eram o seu principal método de demonstrar emoção e amor. Escolhi o confronto não-verbal, utilizando o meu corpo para controlar e opor-me às regras da casa. Escolhi um caminho silencioso, controlando o meu próprio corpo, escolhendo quando e o que comer. Desejei controlar o meu próprio corpo. Aparentemente, passei estas mensagens, sem querer, às minhas filhas. O encontro com a minha parceira nesta aventura, para o qual ela trouxe a sua história de uma filha adolescente e de imagem corporal - uma história que tem muito em comum com a minha - criou interesse numa investigação conjunta para compreender o significado da imagem corporal e as suas implicações na vida. *Ofra Walter*

O aprofundamento do material teórico suscitou um diálogo fascinante a partir dos diversos papéis que desempenhamos, como investigadoras, como mães, como filhas e como mulheres. Quanto mais a nossa compreensão do fenómeno se aprofundava, mais forte crescia dentro de mim o sentimento da centralidade da imagem corporal na minha vida, na vida das minhas filhas e nas relações que mantenho entre elas, a minha mãe e a criança dentro de mim. O nosso percurso de aprendizagem levou-me a compreender os factores que contribuem para a conversa que tenho com o meu corpo, as influências das mensagens que interiorizei da minha mãe e a influência poderosa que tenho nas minhas filhas. A nossa investigação e a escrita sobre o tema acompanharam o processo de amadurecimento da minha filha: a partir dela, com ela e através dela, compreendo o nosso poder único como pais, como mães e como modelos a seguir. Desta experiência surgiu a decisão de examinar a relação entre a imagem corporal, o bem-estar subjetivo dos nossos filhos e as influências da relação que existe entre nós e os nossos filhos durante a sua adolescência. *Vered Shenaar-Golan*

Gostaríamos de expressar uma gratidão especial aos nossos alunos que participaram na nossa investigação e de agradecer a Amy Klein pela edição linguística deste livro e pelos seus conselhos sábios.

Este livro centra-se na imagem corporal e no seu efeito sobre o bem-estar subjetivo de adolescentes e jovens adultos precoces e tardios (idades entre os 13 e os 24 anos). Apresenta também estudos que examinam um fator importante, mas pouco explorado, na criação da imagem corporal: a influência moderadora da relação pais-filhos. A investigação demonstrou que as famílias são a principal influência no desenvolvimento dos seus filhos e que o apoio parental e a natureza da relação pais-filhos são fundamentais para aumentar os níveis de bem-estar subjetivo dos adolescentes. Os pais que são emocionalmente calorosos e disponíveis e que equilibram estas qualidades com expectativas elevadas criam um contexto emocional em que os adolescentes tendem a estar mais seguros, mais saudáveis e mais protegidos. A agitação emocional e as alterações hormonais e fisiológicas extremas da adolescência criam stress e conflitos contínuos entre os adolescentes e os seus pais; por conseguinte, a natureza da sua relação é fundamental para analisar o bem-estar dos adolescentes.

Este livro destina-se a educadores profissionais, clínicos e estudantes de serviço social, educação e áreas afins que procuram conhecimentos teóricos actualizados verificados por numerosos estudos recentes, bem como abordagens práticas para o tratamento de questões relacionadas com a consciência corporal e a imagem corporal. Os três primeiros capítulos apresentam termos fundamentais e relações entre variáveis analisadas nos estudos apresentados nos capítulos seguintes. O primeiro capítulo aborda o conceito de imagem corporal, o seu desenvolvimento desde o início da adolescência até à idade adulta e o seu efeito no bem-estar subjetivo. O segundo capítulo discute a abordagem eudaimónica do bem-estar subjetivo, que se centra no crescimento e desenvolvimento como pessoa, na prossecução de objectivos e valores significativos e na capacidade de lidar com os desafios da vida. O terceiro capítulo explora a relação entre a imagem corporal, o bem-estar subjetivo e a relação pais-adolescentes. Os capítulos seguintes apresentam os resultados de estudos que se centram na perceção que a filha adolescente tem da sua relação com a mãe e a influência desta na sua imagem corporal, e o efeito da relação dos rapazes adolescentes com os pais na sua imagem corporal e bem-estar. O capítulo seis passa da teoria à prática, apresentando sessões de actividades práticas implementadas durante um programa clínico académico. Estes exemplos de sessões centram-se no desenvolvimento da consciência corporal e da imagem corporal como ferramentas a utilizar na formação de estudantes nos domínios do trabalho social, da psicologia e da educação. Os objectivos e métodos de ensino são explicados em pormenor. O capítulo final resume os dados da investigação, as conclusões, os conhecimentos e as recomendações.

SECÇÃO 1:
CONCEITOS FUNDAMENTAIS
CAPÍTULO 1: IMAGEM DO CORPO

A imagem corporal é um conceito bem conhecido em psicologia e psiquiatria. Constitui parte integrante das teorias da personalidade que explicam os sintomas e as causas psicopatológicas. A imagem corporal baseia-se, antes de mais, na consciência e no conhecimento do próprio corpo. O desenvolvimento do conhecimento do corpo na infância é uma caraterística fundamental do "cérebro social" e desempenha um papel importante na formação da auto-consciência geral mais tarde na vida (Barth, Povinelli, & Cant, 2006; Brownell, Zerwas, & Ramani, 2007; Butterworth, 1992; Meltzoff & Moore, 1995). Desde o início dos anos 2000, tem havido um consenso crescente de que o conceito de consciência corporal não é unidimensional, mas é composto por níveis de representação distintos, mas em interação (Goldenberg, 2003; Slaughter & Heron, 2004). De uma perspetiva neuropsicológica cognitiva, diz-se que existem três níveis de representação da consciência corporal que se desenvolvem desde a infância até à idade adulta: 1) conhecimento sensório-motor do corpo, 2) conhecimento visuo-espacial do corpo e 3) conhecimento semântico lexical do corpo.

Nos anos que antecederam a publicação deste volume, a imagem corporal tem sido o foco de um grande interesse clínico e de investigação (Te'omim, 2006). A imagem corporal é definida como a imagem subjectiva da forma e do tamanho do próprio corpo e as emoções que se relacionam com as partes do corpo e com o corpo como um todo (Capon-Sohezki, 2007; Fein, 2004; Kurtz, 2010; Tamir, 2011). Uma pessoa pode ser influenciada pela autoimagem, ou o inverso pode ser verdadeiro; em qualquer dos casos, são geralmente inseparáveis (Kurtz, 2010). A imagem corporal expressa a representação emocional e intelectual que um indivíduo tem do seu corpo (Fallon, 1990), formada por avaliações cognitivas e comparações com outros, muitas vezes feitas de forma inconsciente (Thompson & Stice, 2001), e influenciada por normas socioculturais (Te'omim, 2006).

Schilder (1964), um dos primeiros investigadores neste domínio, foi o primeiro a integrar as abordagens neurológica e psicológica e a sua relação com o conceito de imagem corporal. Descreveu a imagem corporal como uma representação mental flexível que se desenvolve e muda durante a infância. A imagem corporal é influenciada pelo desenvolvimento físico e cognitivo e pelas atitudes circundantes em relação ao corpo da criança, expressas nas interações com os outros (Te'omim, 2006). Schilder descreveu a imagem corporal como "uma imagem do nosso corpo que criamos na nossa mente; ou seja, a forma como o nosso corpo nos parece" (Shani-Sela, 2007). A contribuição de Schilder para as teorias e investigação relativas à imagem corporal é expressa na sua compreensão da necessidade de explorar os seus elementos culturais, neurológicos, emocionais e sociais (Cash & Smolak, 2011). A investigação atual continua a examinar a natureza extremamente complicada e multidimensional da imagem corporal (Shani-Sela, 2007).

Desenvolvimento da imagem corporal na infância e na adolescência

A imagem corporal começa a desenvolver-se na infância e continua ao longo da vida. Durante a primeira infância, a maior influência no desenvolvimento da imagem corporal é a relação entre as crianças e o seu principal prestador de cuidados (Krueger, 2002; Van der Velde, 1985). O crescimento da autoestima está diretamente relacionado com o desenvolvimento do corpo e dos sentidos, que criam múltiplas representações mentais, incluindo as da imagem corporal (Krueger, 2002; Van der Veld, 1985). Os principais factores que influenciam o desenvolvimento de uma imagem corporal positiva durante a primeira infância são os cuidados físicos e o toque dados aos bebés pelos cuidadores primários, a ligação a um cuidador primário e o desenvolvimento da consciência corporal.

Cuidar do bebé e a formação da imagem corporal

A experiência através dos sentidos do corpo e do tato é fundamental para o desenvolvimento pessoal e para a distinção entre o próprio corpo e o ambiente circundante. A partir do momento em que se nasce, a pele actua como um limite físico e facilita o desenvolvimento da perceção do eu. Jung (1931) salientou que as crianças experimentam o corpo como um recipiente protetor que defende a auto-segurança básica. Federn (1952) descreveu os limites do Ego corporal como a base para o teste normal da realidade. Fisher e Cleveland defendem que a função primária das experiências corporais é criar uma fronteira auto-corporal que distingue o eu, enquanto entidade psicológica, do mundo exterior (Fisher 1990; Fisher & Cleveland, 1958). Quando a mãe não consegue apoiar e proteger o seu bebé, Bick (1968) defende que uma das principais defesas para o medo resultante da falta de contenção é a criação de uma pele secundária. O bebé cria esta pele protetora através da fantasia. Um bebé que experimenta um recipiente protetor através do toque e dos cuidados de um cuidador é capaz de desenvolver capacidades emocionais e a capacidade de evitar ou defender-se perante o perigo.

Desde a infância, um sentimento de segurança relativamente aos limites do corpo é uma caraterística essencial da imagem corporal. Os investigadores têm enfatizado a importância da vinculação segura (ver secção seguinte para uma discussão detalhada), desenvolvida através da vinculação física entre o bebé e o prestador de cuidados, como base para uma imagem corporal e um estado emocional saudáveis. Mais especificamente, Orbach (1996) defende que as mães que têm baixa autoestima, má imagem corporal e maus hábitos alimentares serão incapazes de estabelecer uma ligação segura com os seus filhos: A vinculação precoce entre mães e bebés cria a base para a saúde mental, a resiliência e a adaptabilidade das crianças. As mães que estão preocupadas com problemas alimentares e de imagem corporal podem, inadvertidamente, comportar-se de forma a prejudicar os padrões de ligação e de vinculação.

A relação de vinculação e a formação da imagem corporal

Bowlby, o pai da Teoria da Vinculação, explicou a influência da relação de vinculação com um cuidador primário na infância no desenvolvimento das relações interpessoais (Bowlby, 1982, 1988; Greenberg, Siegel, & Leitch, 1983). Os padrões de vinculação precoce estabelecem uma base para a segurança, a aceitação social e o bem-estar (Mikulincer & Shaver, 2010) que influenciam os resultados do desenvolvimento na adolescência e na idade adulta (Cassidy, 1988; Weinfield, Sroufe, Egeland, & Carlson, 1999). Especificamente, um sentimento de segurança com uma figura de vinculação instila uma autoimagem positiva, através da qual os indivíduos se sentem bem consigo próprios numa variedade de áreas de ajustamento, incluindo a imagem corporal, os objectivos vocacionais e educacionais e as relações sociais (Kenny, Griffiths, & Grossman, 2005; Offer, Ostrov, Howard, & Dolan, 1992).

Os bebés ligam-se aos seus principais prestadores de cuidados de diferentes formas. Estes padrões de vinculação criam tipos de personalidade que diferem uns dos outros no que respeita à auto-apresentação, à comparação de si próprio com os outros e ao desenvolvimento da imagem corporal. Verificou-se que todos estes traços influenciam o bem-estar subjetivo (BES) durante a adolescência. Bowlby defende que o tipo de vinculação não só explica a natureza da relação entre um bebé e os seus pais, como também dita a forma como uma criança pequena se vai relacionar com os outros ao longo da vida (Bowlby, 1982). O objetivo de um sistema relacional é proporcionar à criança proteção e desenvolver um sentimento de segurança (Fintzi-Dotan & Sharon-Gerty, 2010) que lhe permita sair e explorar o mundo e regressar em momentos de aflição (Beshart & Pishva, 2011). A teoria da vinculação baseia-se em três ideias centrais, a primeira das quais está relacionada com a noção de que a necessidade de proximidade é inata, uma necessidade que promove a sobrevivência e protege o bebé de estranhos. A segunda ideia é que a natureza da relação depende do sistema de vinculação do bebé, bem como da disponibilidade e sensibilidade do prestador de cuidados primários. A terceira ideia diz respeito à interiorização de modelos de trabalho de relações sociais que continuam a desenvolver-se ao longo da vida (Mikulincer, 1998). De acordo com Bowlby (1988), estes modelos incluem modelos cognitivos, emocionais e comportamentais do indivíduo, que são os blocos de construção do padrão de vinculação.

Ainsworth, Blehar, Waters e Wall (2014) alargaram a Teoria da Vinculação através de uma experiência que examinou as diferenças interpessoais entre as reacções dos bebés à separação e à reunificação com as suas mães (Protocolo de Situação Estranha). Com base nos resultados da experiência e nas ideias centrais da Teoria da Vinculação, definiram três padrões de vinculação: seguro, inseguro resistente à ansiedade e inseguro evitante à ansiedade. Main e Solomon (1986) acrescentaram um quarto padrão de vinculação, a vinculação desorganizada/desorientada (Al-Yagon, 2012). Estudos posteriores demonstraram que a vinculação segura promove um sentimento de segurança individual e é um agente protetor durante eventos stressantes, enquanto a vinculação insegura pode levar ao desenvolvimento de psicopatologia (Finzi-Dotan & Sharon-Gerty, 2010). Os indivíduos com um estilo de vinculação seguro sentem-se valorizados pelos outros e dignos de afeto. Os indivíduos com um estilo de vinculação inseguro ansioso-resistente e inseguro ansioso-evitante são caracterizados por terem uma auto-apresentação negativa e uma apresentação positiva dos outros, e por serem extremamente ansiosos e altamente dependentes dos outros para obterem aprovação. Desejam proximidade e intimidade, mas sentem falta de confiança nos outros (Collins & Feeney, 2004).

Como se pode ver, os modelos de funcionamento das relações sociais são susceptíveis de desempenhar um papel muito importante nas nossas vidas. Os padrões de vinculação têm uma influência significativa tanto no nosso bem-estar subjetivo como no desenvolvimento da nossa imagem corporal. Como já foi referido, a imagem corporal desenvolve-se e altera-se ao longo da vida de um indivíduo, começando na infância e continuando até ao final da adolescência. A investigação mostra que as experiências interpessoais desempenham um papel importante neste desenvolvimento (Annis, Cash, & Theriault, 2004). A interação entre uma mãe e o seu bebé é a primeira experiência social para o bebé, ligação através da qual o bebé desenvolve gradualmente a sua imagem corporal. A experiência do toque da mãe é a fonte da auto-descoberta e da formação da imagem corporal do bebé que, por sua vez, tem uma influência direta no bem-estar subjetivo (Steinem, 1992).

A consciência corporal e a formação da imagem corporal

Quando Winnicott (1995) descreveu a relação que se forma entre os bebés e os seus corpos durante o primeiro ano de vida, descreveu uma ligação que não é inata. O processo de "localização mente-corpo" ou "personalização" cria uma união estável entre o ego e o corpo. Este processo resulta numa entidade psicossomática individual, que manifesta uma relação pessoal entre a criança e o seu corpo e as suas funções. É dada particular importância às sensibilidades sensoriais infantis, através das quais os bebés adquirem o primeiro nível de conhecimento do corpo: o sensorimotor. As sensibilidades sensoriais incluem a sensibilidade da pele ao tato e à temperatura, a sensibilidade auditiva e visual, o sentido da gravidade e o sentido de proteção do bebé contra danos físicos. O processo atinge o seu pico por volta do primeiro ano de idade. Se o processo for perturbado, a mente desenvolver-se-á, mas numa relação vaga com a experiência física.

A consciência do corpo forma-se gradualmente à medida que a experiência sensório-motora contribui para o desenvolvimento do "esquema corporal". O "esquema corporal" refere-se à consciência básica e implícita do nosso corpo. Esta consciência emerge cedo na vida; as respostas motoras reflexivas dos recém-nascidos são um exemplo desta forma rudimentar de conhecimento que mais tarde se desenvolve em acções coordenadas (Brazelton, Nugent, & Lester, 1987; Butterworth & Hopkins, 1988). As representações mentais deste conhecimento são integradas por volta do quinto mês de vida, quando os bebés começam a demonstrar que têm alguma ideia sobre como os seus corpos devem aparecer (Morgan & Rochat, 1997; Schmuckler, 1996). Por exemplo, os bebés de três a cinco meses olham durante mais tempo para imagens de vídeo das suas próprias pernas na posição normal do que para imagens invertidas (em que a perna direita é mostrada à esquerda e a perna esquerda é mostrada à direita; Morgan & Rochat, 1997).

Pensa-se que o segundo nível de conhecimento do corpo, o visuo-espacial, deriva da experiência das crianças com as rotinas de vestir e despir e com as brincadeiras extensas que envolvem as partes do seu próprio corpo ou as dos seus bonecos. Estas experiências proporcionam-lhes uma extensa informação visual sobre a localização das partes do corpo, bem como sobre as relações e limites proximais entre as partes do corpo humano (Schwoebel, Buxbaum, & Coslett, 2004; Slaughter & Heron, 2004). Aos 15-18 meses de idade, as crianças são capazes de diferenciar bonecos típicos daqueles com arranjos de partes do corpo misturados, quer sejam apresentados a bonecos reais ou a fotografias dos mesmos (Slaughter & Heron, 2004). Por volta dos 18-24 meses, as crianças demonstram ter consciência do tamanho do seu corpo e do seu corpo como um obstáculo no espaço (Brownell et al., 2007).

O último nível de conhecimento do corpo é léxico-semântico, ou 'semântica do corpo', e inclui o conhecimento dos nomes das partes do corpo, funções e a sua associação com objectos (Coslett, Saffran, & Schwoebel, 2002). A aquisição deste terceiro nível de conhecimento está também claramente relacionada com o desenvolvimento das capacidades verbais e de compreensão das crianças, que lhes dão a capacidade de descrever e responder corretamente aos nomes das partes do corpo. Embora a importância do conhecimento do corpo seja bem reconhecida na literatura, apenas um punhado de estudos investigou o seu desenvolvimento em crianças pequenas. Brownell, Nichols, Svetlova, Zerwas e Ramani (2010) questionaram se a capacidade das crianças de dois anos de idade para apontar e/ou nomear partes do corpo reflectia a sua verdadeira capacidade de compreender a disposição espacial dos seus corpos ou se o seu conhecimento das partes do corpo se baseava inteiramente em rotinas aprendidas. Examinaram as relações entre a capacidade das crianças de 20 e 30 meses de idade para 1) localizar partes do corpo em si mesmas numa tarefa de correspondência não verbal; 2) produzir e compreender rótulos de partes do corpo; e 3) reconhecer-se num espelho.

Na tarefa de localização de partes do corpo, o experimentador colocava primeiro um autocolante no corpo de um ajudante e as crianças eram depois instruídas a colocar um autocolante no mesmo local nos seus próprios corpos. Esta tarefa de correspondência não-verbal demonstrou que as crianças mais velhas eram capazes de localizar significativamente mais partes do corpo nelas próprias do que as crianças mais novas. Para a avaliação da nomeação e compreensão das partes do corpo, foi pedido às mães das crianças que indicassem, numa lista de controlo de 27 partes comuns do corpo, quais as que os seus filhos conseguiam nomear ou apontar em resposta ao nome. Com base nas estimativas das mães, as crianças mais velhas sabiam significativamente mais nomes e localizações de partes do corpo do que as crianças mais novas. A auto-consciência foi medida através de uma tarefa de auto-reconhecimento no espelho. Verificou-se que as crianças que se reconheciam ao espelho sabiam significativamente mais nomes de partes do corpo (de acordo com os relatos das mães) do que as crianças que não demonstravam auto-reconhecimento.

Numa perspetiva de desenvolvimento, diz-se que o segundo nível de conhecimento do corpo emerge progressivamente do primeiro, e o terceiro do segundo, através de uma série de operações de ordem superior cada vez mais complexas que evoluem de representações sensório-motoras para esquemas de ação simbólica (Müller, Sokol, & Overton, 1998; Piaget, 1953). A imagem corporal e a consciência corporal continuam a desenvolver-se desde a infância até à idade adulta, influenciadas por mudanças físicas e efeitos socioculturais.

Desenvolvimento da imagem corporal durante a adolescência

Atualmente, a maioria dos investigadores concorda que o desenvolvimento da imagem corporal é uma experiência multidimensional que começa na infância e muda ao longo da vida. A imagem corporal total é composta por várias imagens interligadas que incluem percepções e atitudes em relação a vários aspectos do corpo, como a aparência exterior, o tamanho do corpo e as dimensões corporais (Becker, 1995; Fisher, 1990). O termo é elástico, construído a partir de experiências cognitivas, emocionais e corporais, e da interação do corpo com o seu ambiente físico e social. A imagem corporal de uma pessoa é formada num processo gradual e longo que começa com o nascimento, continua com o contacto do corpo com o seu ambiente, com as atitudes dos pais e dos adultos significativos e depois com os pares. Para além dos factores relacionados com a idade, a imagem corporal pode mudar em resultado de crises (Becker, 1995; Kurtz, 2010; Tamir, 2011). Tamir (2011) explicou ainda que a autoimagem também muda à medida que o indivíduo observa a mobilidade corporal, a forma como os outros se relacionam com os seus próprios corpos e com o corpo do indivíduo, e a imagem corporal preferida da cultura circundante.

Existe frequentemente um conflito entre a forma como os indivíduos se vêem a si próprios e a forma como gostariam de se ver, e entre a sua aparência e a forma como se sentem em relação ao seu corpo (Tamir, 2011). Muitos investigadores distinguem dois componentes principais da imagem corporal: o emocional e o percetivo (Te'omim, 2006). A componente emocional está relacionada com os sentimentos e pensamentos que os indivíduos têm sobre o seu corpo e aparência exterior (Garner & Garfinkel, 1980), incluindo a satisfação com vários comportamentos relacionados com o corpo. A componente perceptiva diz respeito à perceção do tamanho do corpo, das suas partes e das proporções entre elas. Shani-Sela (2007) acrescentou uma componente experiencial, que se relaciona com as sensações e ocorrências corporais individuais. Shani-Sela (2007) incluiu nesta componente o sentido de controlo e propriedade sobre o próprio corpo, bem como a confiança nas suas limitações.

É sabido que as mulheres atribuem grande importância à aparência exterior do seu corpo e à forma como os outros avaliam a sua aparência. Como resultado, muitas mulheres sofrem de imagem corporal negativa (Liechty, 2009; Liechty & Yarnal, 2010) e de insatisfação com o seu corpo, especialmente em relação à forma e ao peso do corpo (Grogan, 1999; Hurd Clarke & Griffin, 2007). Os estudos também encontraram diferenças entre os sexos no que respeita à imagem corporal. Pliner, Chaiken e Flett (1990) descobriram que, nos adolescentes com idades compreendidas entre os 12 e os 18 anos, as mulheres valorizavam mais a sua aparência do que os homens e sentiam mais preocupação com o peso do que os homens (Pliner et al., 1990). Mintz e Betz (1986) observaram que os homens insatisfeitos com o seu corpo preferiam ganhar peso e músculo, enquanto as mulheres preferiam perder peso. Os homens e os rapazes adolescentes estavam mais preocupados com a mudança de forma do que com a perda de peso.

A imagem corporal pode ser uma fonte de angústia para indivíduos de todas as idades (Pliner et al., 1990). No entanto, as mudanças físicas durante a adolescência ocupam tanto os rapazes como as raparigas, uma vez que estes comparam constantemente os seus corpos com as imagens das mensagens dos meios de comunicação social, dos seus pares e de outras influências socioculturais. As famílias são uma influência sub-cultural importante, sendo que cada família desenvolve a sua própria imagem corporal e atitudes alimentares com base em diferentes mensagens e comportamentos. Isto pode explicar porque é que alguns indivíduos ficam mais angustiados do que outros com o seu corpo, apesar de todos estarem expostos às mesmas mensagens e imagens dos media (Weinshenker, 2002).

CAPÍTULO 2: BEM-ESTAR SUBJECTIVO DOS ADOLESCENTES

Definição de bem-estar subjetivo

Neste capítulo, centramo-nos nas percepções e avaliações subjectivas dos adolescentes sobre o seu bem-estar. O bem-estar subjetivo (BES) é uma construção ampla que pode ser conceptualizada e medida de várias formas. A natureza da "boa vida" foi um importante ponto de divisão filosófica na Grécia antiga há milénios (Olsson, McGee, Nada-Raja, & Williams, 2013), um precursor do debate atual sobre o significado de bem-estar. Existem duas abordagens gerais para o seu estudo. O bem-estar psicológico mede a realização do potencial humano e uma vida com significado (eudaimonismo), expresso na filosofia como ética da virtude (Irwin, 1994). Centra-se no crescimento e desenvolvimento como pessoa, na prossecução de objectivos e valores significativos e na superação dos desafios da vida (Ryff, 1989; Ryff & Singer, 2008). Em contrapartida, o BES centra-se na procura da felicidade e de uma vida agradável (hedonismo), expressa na filosofia como utilitarismo (Bentham, 1789). Os investigadores definiram o BES como a avaliação cognitiva e afectiva da vida de uma pessoa como um todo (Diener, 1984; Diener, Oishi, & Lucas, 2009). A tensão filosófica entre as duas abordagens ao bem-estar permanece na cultura ocidental, com a crescente compreensão de que são dois conceitos relacionados, mas distintos (Chen, Jing, Hayes, & Lee, 2013). Derivado da visão hedónica, definimos aqui o BES como a avaliação cognitiva e afectiva que uma pessoa faz da sua vida, tanto em geral como em domínios específicos (família, amigos, tempo de lazer, etc.; Diener, Oishi, & Lucas, 2009). A aplicação da definição de BES inclui a focalização para além dos aspectos negativos da vida e a avaliação da presença de aspectos positivos na vida (Cummins 1998, 2000).

Campbell et al. (1976) foram dos primeiros a definir o BES. Identificaram o BES como "a discrepância percebida entre aspiração e realização, que vai desde a perceção de realização até à de privação" (p. 8). Embora ainda não exista consenso sobre uma estrutura definitiva do BES, a concetualização proposta por Diener (1994) é amplamente aceite pelos investigadores (e.g., Busseri & Sadava, 2011; Morgan et al., 2011) que têm enfatizado que o BES envolve componentes afetivos e cognitivos (Cummins, 2014; Diener, Suh, Lucas, & Smith, 1999). De acordo com Diener (1984), o BES é composto por três elementos: (1) baseia-se nas perceções e avaliações que os indivíduos fazem das suas próprias experiências; (2) inclui não só a ausência de experiências negativas, mas também a presença de experiências positivas; e (3) inclui uma visão global da vida, geralmente rotulada como "satisfação com a vida". A satisfação com a vida implica a construção, ao longo do tempo, por parte dos indivíduos, de uma avaliação cognitiva ou de julgamento baseada em crenças sobre as suas vidas e em informação atual e cronicamente saliente (Campbell et al., 1976; Schimmack, Diener, & Oishi, 2002). Em contrapartida, a componente afectiva do BES é representada pelas frequências relativas de emoções positivas e negativas (e.g., ansiedade, tristeza) durante um determinado período de tempo (Diener et al., 1999; Diener et al., 2009) e parece ser mais influenciada por experiências imediatas (Keyes, Shmotkin, & Ryff, 2002).

A importância de estudar o bem-estar subjetivo dos adolescentes

Reconhecendo que o modelo teórico do BES é igualmente aplicável a indivíduos de todas as idades (González et al., 2015), na última década do século XX os investigadores começaram a aplicá-lo a crianças e adolescentes (Bradshaw et al., 2011; Gilman & Huebner, 2003; Huebner & Dew, 1996; Saha et al., 2010). Mais recentemente, começaram a surgir, de forma sistemática, publicações focadas no BES de crianças e adolescentes (Casas, 2011; Dinisman & Ben-Arieh, 2015; Fattore, Mason, & Watson, 2007; Yap & Baharudin, 2015). A compreensão do constructo SWB é importante porque oferece uma visão sobre como as crianças, adolescentes e adultos se sentem sobre si mesmos e suas vidas, independentemente das suas circunstâncias objectivas de vida (Diener, Oishi, & Lucas, 2003). O constructo também permite analisar e comparar as associações entre o BES e indicadores económicos, políticos e sociais objectivos a nível nacional e internacional.

Mais especificamente, no contexto da adolescência, o BES desempenha um papel importante no desenvolvimento positivo e na adaptação global. Também serve como indicador, preditor e mediador/moderador de outras variáveis, e parece atuar como um amortecedor contra uma variedade de resultados negativos (Gilman & Huebner, 2003; Park, 2004; Proctor, Linley, & Maltby, 2009; Wang & Zhang, 2012). A adolescência é um período intenso de desenvolvimento, e as dificuldades encontradas durante este período têm implicações importantes para a vida adulta (Tomyn & Cummins, 2011b). É também considerada uma altura oportuna para estabelecer uma base sólida para um bem-estar positivo que conduza a uma vida satisfatória na idade adulta (McCabe et al., 2011). A medição do BES pode ser uma ferramenta útil em conceptualizações mais abrangentes do funcionamento do adolescente que vão para além de uma simples enumeração e classificação de sintomas psicopatológicos (Gross-Manos, Shimoni, & Ben-Arieh, 2015; Tomyn & Cummins, 2011b).

O estudo do BES é importante porque uma proporção significativa de adolescentes dos países ocidentais sofre de algum tipo de problema de saúde mental (i.e. Austrália, Sawyer et al., 2000; América, Keyes, 2006; Espanha, Casas et al., 2009). Os baixos níveis de BES nos adolescentes podem sugerir uma vulnerabilidade e um risco especiais (Rees, Goswami, & Bradshaw, 2010). Estão associados a problemas psicológicos, sociais e comportamentais, como o suicídio, comportamentos sexuais de risco, comportamentos violentos, agressão, depressão e uso problemático da Internet (Cao et al., 2011; Heisel &

Flett, 2004; Park, 2004; Suldo & Huebner, 2006; Valois et al., 2002). Além disso, verificou-se que os adolescentes com menor satisfação com a vida sofrem significativamente mais com conflitos com os membros da família e com a sensação de falta de amigos ou dinheiro (Rees, Goswami, & Pople, 2013). Em contrapartida, um elevado nível de BES nos adolescentes tem sido associado a benefícios como a imagem corporal positiva (Shenaar-Golan & Walter, 2015), a satisfação escolar, o desempenho e as aspirações académicas, a autoestima, o sentido da vida, a gratidão e a auto-eficácia (Proctor et al., 2009; Suldo & Huebner, 2006). O BES parece atuar como um amortecedor contra uma variedade de resultados negativos, incluindo perturbações psicológicas, servindo não só como um indicador-chave de desenvolvimento positivo, mas também como um fator facilitador que promove e mantém uma saúde mental óptima (Park, 2004).

É crucial determinar os factores subjacentes que podem prever o BES dos adolescentes. Essa análise tem o potencial de revelar os factores contextuais que contribuem para a sensação de bem-estar dos adolescentes e de promover as mudanças necessárias nas políticas nacionais existentes que podem melhorar os níveis de BES (Rees & Dinisman, 2014). Uma teoria importante que oferece uma explicação abrangente para a relação entre as circunstâncias das pessoas e o seu BES é a teoria da homeostase do bem-estar subjetivo.

Teoria da homeostase do bem-estar subjetivo

A maior parte da investigação demonstrou que os níveis gerais de BES em crianças e adolescentes são estáveis ao longo do tempo e do local (Casas et al., 2007; Cummins, 2014). Esta tendência estável tem sido explicada pela teoria da homeostase (Cummins, 2003, 2005). Cummins propõe que, à semelhança da manutenção homeostática da temperatura corporal, o BES é ativamente controlado e mantido em torno de um "ponto de ajuste" por processos neurológicos e psicológicos, como a adaptação, a afetividade positiva e um sistema de amortecedores cognitivos, e é notavelmente estável ao longo do tempo (Cummins, 1995; Eid & Diener, 2004; Headey & Wearing, 1989, 1992; Schimmack et al., 2002). Por conseguinte, afirma-se que as pontuações de SWB variam entre 70 e 80 (numa escala de 0-100), tanto para adultos como para adolescentes (Cummins 1998, 2005; Cummins, Li, Wooden, & Stokes, 2014; Tomyn & Cummins, 2011a).

De acordo com a Teoria da Homeostase, o objetivo da homeostase é defender o núcleo afetivo do BES, que se propõe ser um estado de espírito estável, geneticamente dotado e positivo (Davern, Cummins, & Stokes, 2007). Este estado de espírito foi designado por Cummins (2010) como "estado de espírito homeostaticamente protegido" (HPMood), e é protegido por amortecedores externos e internos. Os amortecedores externos incluem recursos como a riqueza e as relações de apoio (família e pares) que podem ser utilizados para se defender contra desafios homeostáticos, como problemas de saúde ou desilusões

(Tomyn & Cummins, 2011a). Os amortecedores internos compreendem um sistema de preconceitos cognitivos positivos que incluem a autoestima ou sentimentos de autoestima (Cummins & Nistico, 2002), o controlo percebido, a perceção de que se pode alcançar os resultados desejados através das próprias acções (Thompson et al., 1998), e o otimismo, a crença de que o futuro é brilhante, apesar do que as circunstâncias actuais da vida possam sugerir (Peterson, 2000). Estes amortecedores mantêm um sentido positivo do self através da reestruturação cognitiva, que converte uma experiência negativa em pensamentos positivos relativos ao self (Tomyn & Cummins, 2011a).

Quando as respostas emocionais desafiam a manutenção do BES, desde que os recursos homeostáticos sejam satisfatoriamente fortes, o BES manter-se-á estável dentro do seu intervalo normal. No entanto, o BES pode descer abaixo deste intervalo de referência em situações em que os indivíduos têm mais desafios do que recursos (Cummins et al., 2009; Dodge, Daly, Huyton, & Sanders, 2012). Em circunstâncias gravemente ameaçadoras (por exemplo, divórcio dos pais), se a força do desafio exceder a capacidade do sistema homeostático para defender o HPMood, o sistema homeostático perderá o controlo para o agente desafiador, resultando numa queda do BES abaixo do seu intervalo de referência. De acordo com as diretrizes de Cummins et al. (2010), uma pontuação de 51-69 pontos denota um ponto de ajuste baixo ou um forte desafio homeostático; e uma pontuação de 50 e inferior denota derrota homeostática e depressão (para mais informações, ver Cummins et al., 2010).

Medir o bem-estar subjetivo dos adolescentes

Desde a década de 1990, a investigação sobre a qualidade de vida das crianças tem evoluído lentamente, mas de forma constante, e tem utilizado cada vez mais indicadores subjectivos. O conceito de BES foi considerado fiável, sensível e válido para crianças e adolescentes a partir dos oito anos de idade (Cummins, 2014; Gilman & Huebner, 2003; Rees et al., 2013). Pode ser medido de forma consistente ao longo do tempo, reflectindo mais do que estados de humor momentâneos (Huebner et al., 2011).

A maioria das teorias do BES, como referido anteriormente, define-o como compreendendo componentes afectivas e cognitivas (Cummins, 2014; Diener et al., 1999). No entanto, a maioria dos estudos tem-se centrado apenas na componente cognitiva, medindo o BES em termos de satisfação com a vida (Campbell et al., 1976). Mais recentemente, os estudos começaram a medir também a componente afectiva (e.g. The HLTW: Happiness in the last two weeks; Casas, 2011; Rees et al., 2013), de modo a dar voz aos próprios adolescentes (e.g. Coombes et al., 2013; Malo et al., 2012; para mais informações, ver Capítulo 3 deste volume). Ao avaliar a abordagem cognitiva versus a afectiva (felicidade), alguns investigadores argumentam que a satisfação com a vida é a melhor medida de BES (Gilman & Huebner, 2003; Veenhoven, 1988), principalmente porque é mais estável ao longo do tempo do que as medidas afectivas (Ben-Arieh et al., 2014; Park, 2004; Rees et al., 2013). É importante notar que, no que diz respeito às componentes cognitiva e afectiva, são raros os estudos baseados em métodos quantitativos e qualitativos.

Quando se emprega a abordagem cognitiva para medir o BES, pede-se aos indivíduos que avaliem a sua vida como um todo, bem como vários domínios da vida (por exemplo, riqueza material, vida doméstica e amizades). Os indivíduos dão uma interpretação subjectiva e atribuem um valor a estes domínios (Axford et al., 2014; Diener et al., 2009; Rees et al., 2010; The International Wellbeing Group, 2013). Tal como os adultos, a maioria das crianças e dos adolescentes encara a sua vida em geral de forma positiva, um resultado que tem sido replicado em vários países e culturas. No entanto, em todos os países, foi documentada uma variação nas percepções das crianças (Casas, 2011; Gilman & Huebner, 2003), uma descoberta que deve ser considerada na escolha dos instrumentos de medição.

Tal como referido, são normalmente utilizados dois tipos de medidas de BES. As medidas unidimensionais, comummente designadas por medidas de "satisfação global com a vida" (SLV), colocam questões sobre a "satisfação com a vida como um todo" num formato de um item. Têm sido amplamente utilizadas com adultos, bem como com crianças e adolescentes (Gilman & Huebner, 2003; Huebner et al., 2014). As medidas multidimensionais utilizam escalas focadas em diferentes domínios da vida, produzindo informações diferenciadas (Gilman & Huebner, 2003; Seligson et al., 2003). Qual a medida preferível para ser utilizada com crianças e adolescentes ainda está em debate. Em geral, o interesse da investigação tem-se estendido da satisfação com a vida global para a satisfação com a vida em domínios específicos (Elmore & Huebner, 2010; Gilman & Huebner, 2000; Huebner, 2010; Long et al., 2012; Tian, Wang, & Huebner, 2015), apoiando a utilização de ambas (Cummins, 2014; Huebner et al., 2014; Rees et al., 2013). A escala combinada contém uma pergunta global e uma série de medidas de satisfação com a vida baseadas em domínios.

A utilização inicial com adolescentes de medidas multidimensionais criadas para adultos foi criticada pelos investigadores. Estes defendiam que os domínios mais relevantes para a satisfação com a vida dos adolescentes podem ser diferentes dos domínios relevantes para os adultos, e podem mesmo estar ausentes das escalas utilizadas com adultos (Casas et al., 2014; Casas, Tiliouine, & Figuer, 2013; Huebner et al., 2014; Tomyn & Cummins, 2011b). Vários investigadores adaptaram escalas gerais desenvolvidas para avaliar o BES de adultos a adolescentes e crianças (por exemplo, PWI-A; Cummins & Lau, 2005). Outros desenvolveram escalas específicas para avaliar o BES de crianças e adolescentes (i.e. Huebner 1991, 1994) para domínios como a satisfação escolar (Casas et al., 2012), religião e espiritualidade (Casas et al., 2009), relações interpessoais (Balfatescu, 2006), uso do tempo (Casas et al., 2012), vida amorosa e imagem corporal (Casas et al., 2013). A investigação tem sugerido que as medidas multidimensionais tendem a ser mais específicas e sensíveis a alguns efeitos do que as medidas globais de satisfação com a vida. Por conseguinte, são mais fiáveis e estáveis do ponto de vista estatístico e geram análises estatísticas mais seguras de padrões e diferenças (Antaramian et al., 2008; Cummins, 2014; Rees et al., 2013; Tian et al., 2015).

Duas escalas de domínios de vida são utilizadas mais frequentemente com adolescentes. O Personal Well-being Index (PWI), desenvolvido pelo The International Wellbeing Group (2006), contém sete domínios algo abstractos. A Brief Multidimensional Students' Life Satisfaction Scale (BMSLSS), desenvolvida por Seligson et al. (2003), inclui cinco domínios mais concretos. O PWI assume uma representação a nível de domínio da satisfação global com a vida, com perguntas individuais referentes aos domínios da saúde, nível de vida, segurança, realizações, relações interpessoais, comunidade e segurança futura. A espiritualidade/religiosidade é uma oitava pergunta opcional. A média das pontuações de cada domínio é calculada para produzir uma medida de BES (Cummins & Weinberg, 2015; Tomyn & Cummins, 2011b). A BMSLSS foi desenvolvida para ser utilizada com estudantes com idades compreendidas entre os 8 e os 18 anos e inclui cinco domínios específicos da vida das crianças e dos adolescentes: família, amigos, escola, eu próprio e o sítio onde vivo.

O pressuposto defendido pelos investigadores de que a essência do BES é melhor medida através de questões abstractas e pessoais está agora a ser posto em causa pelos estudos actuais com adolescentes e crianças. Embora os itens com um nível de abstração bastante elevado possam ser compreendidos pela maioria dos adolescentes, a sua idade, maturidade cognitiva e familiaridade com a redação do domínio de vida relevante devem ser tidas em consideração quando se utilizam escalas de domínio de vida. Estudos demonstraram que raramente são compreendidas por crianças mais novas (10-12 anos; Casas et al., 2014; Davern et al., 2007). Casas et al. (2012) realizaram um estudo utilizando as escalas The PWI e BMSLSS com dados de uma amostra conjunta de jovens de 12-16 anos de três países. Os investigadores descobriram que os domínios de vida formulados de forma mais abstrata e concreta das duas escalas se relacionam entre si na vida dos adolescentes e podem ser combinados na mesma escala ou modelo, oferecendo um bom ajuste estatístico. Assim, o desafio de combinar itens concretos e abstractos para avaliar o bem-estar de crianças e adolescentes não é estatístico; no entanto, até à data, a ferramenta de medição não foi criada (Casas et al., 2014).

CAPÍTULO 3: IMAGEM CORPORAL, BEM-ESTAR SUBJECTIVO E A RELAÇÃO PAIS-ADOLESCENTES

Vinculação na adolescência

Bowlby (1982) defende que os padrões de vinculação na primeira infância são susceptíveis de influenciar o modo de lidar com a situação ao longo da vida. Do mesmo modo, Hazan e Shaver (1987) afirmam que o padrão de vinculação que caracteriza um bebé à nascença caracterizará o indivíduo durante a adolescência. Assim, os adolescentes com um padrão de vinculação seguro sentir-se-ão confortáveis com as pessoas que os rodeiam, acreditarão e confiarão nelas, e desenvolver-se-á uma dependência mútua entre eles. Em contrapartida, os adolescentes caracterizados pelo padrão ansioso-evitante preferem distanciar-se do outro, recuam na dependência dos outros e sentem-se inseguros na relação. Por fim, os adolescentes identificados como ansioso-resistentes desejam a proximidade com o outro, mas temem a rejeição e o abandono.

De acordo com Crowell e Treboux (1995), a vinculação na infância é com o cuidador principal, enquanto na adolescência é com um parceiro que também proporciona contacto sexual, amizade e partilha de experiências de vida. A relação de casal ou o amor romântico é descrito como um processo de vinculação na adolescência, semelhante ao vivido na infância pelos bebés com as suas mães. A vinculação na adolescência é explicada pela Teoria da Vinculação Romântica, que defende que os comportamentos que caracterizam as relações de casal são motivados pelo mesmo sistema inato de vinculação (Fraley & Shaver, 2000). Além disso, muitos estudos descreveram uma ligação entre as caraterísticas da vinculação dos adolescentes e as diferenças pessoais em vários domínios da vida. Além disso, o padrão de vinculação é a principal caraterística da personalidade adulta que explica como os adultos se vêem a si próprios e a sua imagem corporal (Fintzi- Dotan & Sharon-Gerty, 2010).

O papel da relação entre pais e adolescentes no desenvolvimento da imagem corporal e do bem-estar subjetivo

A correlação entre as relações interpessoais e o bem-estar tem sido objeto de uma longa investigação (Blyth, Hill, & Thiel, 1982; Cauce, Felner, & primavera, 1982);

Greenberg, Siegel, & Leitch, 1983; O'Donnell, 1976; Offer, Ostrov, Howard, & Dolan, 1992; Raja, McGee, & Stanton, 1992; Youniss, 1980; Youniss & Smollar, 1985). De acordo com Youniss, é através das relações e interações pessoais que as pessoas desenvolvem as suas próprias opiniões e valores. Verificou-se que as relações de vinculação segura, baseadas em laços afectivos profundos e duradouros, têm efeitos positivos na autoestima, na imagem corporal (Cassidy, 1988) e no ajustamento emocional (Kenny, Griffiths, & Grossman, 2005; Sroufe, Fox, & Pancake, 1983). Para ambos os sexos, os investigadores descobriram que a baixa imagem corporal está relacionada com uma vinculação menos segura e com uma maior vinculação ansiosa (Cash, Theriault, & Milkewicz, 2004). Outros resultados (Cheng & Mallinckrodt, 2009) mostraram que uma vinculação positiva e segura entre pais e filhos reduz a ansiedade e a falta de satisfação com a imagem corporal. Em contrapartida, a vinculação negativa e a alienação parental conduzem à ansiedade, à falta de satisfação com a própria aparência e a uma imagem corporal deficiente, que influenciam o BES.

Verificou-se que a imagem corporal influencia o bem-estar psicológico em diferentes fases da vida. Esta relação é mais forte durante a adolescência, quando os rapazes e as raparigas são influenciados pelo ambiente que os rodeia e pela relação com os pais (Carroll, Tiggemann, & Wade, 1999; Cash & Henry, 1995; Frisen, Lunde, & Hwang, 2009; Rosenblum & Lewis, 1999). As relações familiares positivas têm sido associadas à satisfação com a imagem corporal entre crianças e adolescentes (Byely, Archibald, Graber, & Brooks-Gunn, 2000). Além disso, estudos sugerem que as crianças podem detetar uma avaliação negativa do seu tamanho corporal pelos pais, o que pode ter efeitos graves a longo prazo (Davison & Birch, 2001).

Num estudo realizado por Schwartz e colegas (Schwartz, Phares, Tantleff-Dunn, & Thompson, 1999), o feedback negativo dos pais em relação à aparência durante a infância previu um pior funcionamento psicológico entre estudantes universitários, medido pelo Inventário Breve de Sintomas (BSD). Os pais são agentes centrais no desenvolvimento dos seus filhos, mas a relação pais-filhos tem sido frequentemente omitida como uma variável na medição da imagem corporal. Grande parte da literatura baseia-se exclusivamente nos relatos das crianças sobre a sua imagem corporal ou os seus problemas internos e não tem em conta o efeito moderador ou mediador da avaliação parental do tamanho da criança e das caraterísticas relevantes relacionadas com a imagem corporal.

Os pais estão numa posição natural para transmitir as normas sociais de beleza aos seus filhos, e fazem-no mais frequentemente às suas filhas (Striegel-Moore & Smolak, 2000).

Em 2014, examinámos o efeito da relação pais-filhos na formação da imagem corporal em raparigas e mulheres jovens adolescentes. A amostra era constituída por noventa participantes, com idades compreendidas entre os 15 e os 30 anos (média de idades de 22 a 27 anos), residentes em Israel. Foram efectuadas entrevistas aprofundadas a dez participantes. As participantes revelaram que a família é um fator crucial na promoção ou inibição de uma imagem corporal saudável. As entrevistas aqui apresentadas demonstram uma influência bastante dramática das atitudes e comportamentos familiares, particularmente a influência das mães na imagem corporal das suas filhas.

N., que é bailarina, explicou que, ao contrário das outras raparigas do seu antigo grupo de dança, se sentia bem com o seu corpo e que a sua imagem corporal não era afetada pela dança. Quando lhe perguntaram por que razão achava que se sentia bem com o seu corpo e as outras raparigas não, *N.* respondeu

Pessoalmente, acho que pode estar relacionado com a família. Não tenho irmãs, só irmãos, e se calhar isto é algo que está ligado às irmãs e à roupa... Não é algo que exista na família. A minha mãe nunca faz dieta, não é algo que a influencie ou incomode muito. Não vivi na sombra de uma mãe que fazia dieta e tenho a certeza que isso tem algo a ver com o facto. Se a sua mãe está ocupada com o corpo, faz dieta, ou foi bailarina, não tenho dúvidas de que essas coisas penetram na sua filha.

L., uma bailarina que sofria de distúrbios alimentares e de baixa imagem corporal, afirmou

Penso que, para ser aceite como bailarina, mesmo no seio da minha família, havia quem se preocupasse com o meu aspeto. Foi sempre importante para a minha mãe, principalmente, mas o meu pai e a minha avó também se preocupavam com o meu bom aspeto. Na minha experiência, eu era como o cartão de visita da casa. O meu peso e o meu aspeto tornaram-se a questão principal. Diziam-me: "Olha o quanto comes, olha para os teus amigos; estás a comer o dia todo". Sempre fui naturalmente magra, mas isso acabou por me levar a um distúrbio alimentar muito difícil durante mais de dez anos. Penso que, embora estivesse relacionado com o facto de ser bailarina, tinha mais a ver com a atitude da família.

L. disse que a influência da família continuou para além do início da sua perturbação alimentar, uma vez que a sua mãe reforçava continuamente os seus comportamentos alimentares:

Muitas vezes senti que a minha mãe via o que estava a acontecer e era parceira. Por exemplo, quando fiz uma dieta de pastilhas elásticas, e mastigava cerca de 30-40 caixas de pastilhas por dia, ela comprava-me tudo. Eu não lhe disse que era uma dieta, mas ela alinhava em tudo. Eu podia comer só pepinos durante uma semana, ou uma semana só maçãs e ela alinhava em tudo. É um padrão na minha família, dos meus pais. Do ponto de vista deles, tudo tem de parecer bem por fora, que eu vou ser bonita e magra.

I. descreveu-se a si própria como estando preocupada com o seu corpo, num padrão semelhante ao da sua mãe:

Parece que a minha mãe sempre se preocupou com a sua aparência, tanto nessa altura como agora. A minha mãe é muito magra, sempre foi magra, sempre foi atlética, costumava andar e correr a maior parte da sua vida. Preocupava-se com dietas; lembro-me que quando andava no liceu fazíamos dieta juntas, eu preocupava-me com a minha mãe, com os interesses da minha mãe.

Em contraste com *I.*, *T.* indicou que sentia que a sua família aceitava o seu corpo: *"Nunca ninguém falou em ser magra ou bonita, não é algo que interesse à nossa família. Há aceitação. Pode ser que, pelo facto de a magreza ser natural, nunca tenha sido um problema.* "Era tão pouco importante que o comentário do pai sobre o facto de ela ter engordado se manteve com ela até hoje: *Nunca me esquecerei de que o meu pai me disse uma vez: "Que T. é esse, que engordaste? Ainda me lembro que ele disse isso e a minha mãe também se lembra. Por um lado, ninguém na minha família se pressiona com nada, mas, por outro lado, se engordamos, toda a gente repara"*.

Estas entrevistas demonstram que a família tem um impacto considerável na imagem corporal dos adolescentes, sendo a relação mãe-filha a mais dominante e influente. Parece que não só os comentários da mãe são influentes, como a filha repete os padrões de comportamento da mãe. A imagem corporal desempenha um papel importante, mas problemático, no funcionamento diário das raparigas adolescentes. Elas são influenciadas pela forte ênfase colocada na beleza e na aparência exterior do corpo feminino (Hurd Clarke & Griffin, 2007; Liechty, 2009; Liechty & Yarnal, 2010; Manos, Sebastián, Bueno, Mateos, & De la Torre, 2005) nos meios de comunicação social, na educação e no ambiente familiar e social (Hurd Clarke & Griffin, 2007). A teoria da objectificação postula que a forma como o corpo de uma mulher - particularmente o seu peso e forma corporal - aparece aos outros pode afetar o seu bem-estar psicológico, social e económico (Fredrickson & Roberts, 1997). Para além de ser uma componente chave da atratividade física, o peso corporal é também um aspeto integral da identidade e do bem-estar feminino (Grover, Keel, & Mitchell, 2003; Rodin, 1992).

No capítulo seguinte, focamos 1) a relação entre as mães e as suas filhas adolescentes e o efeito dessa relação no desenvolvimento da imagem corporal da filha e 2) a relação entre a imagem corporal da filha e a sua perceção do seu próprio bem-estar. No Capítulo 5, analisamos as mesmas questões relativamente aos rapazes adolescentes. Embora estudos anteriores tenham revelado diferenças entre raparigas e rapazes no que diz respeito à influência do peso corporal na autoestima (Schmalz, Deane, Birch, & Davison, 2007), a investigação atual demonstra que a imagem corporal influencia o BES em ambos os sexos e que a relação pais-adolescentes é uma variável importante nesta equação.

ESTUDOS DE INVESTIGAÇÃO SOBRE A RELAÇÃO PAIS-ADOLESCENTES E A IMAGEM CORPORAL E O BEM-ESTAR DOS ADOLESCENTES

Vivemos numa sociedade que promove determinados padrões de beleza, colocando desafios aos adolescentes desde tenra idade. Estes padrões têm impacto no nosso estatuto social e no nosso estado emocional (Te'omim, 2006). A sociedade ocidental contemporânea valoriza, em particular, a busca de um corpo fisicamente atraente (Slater, Tiggemann, Hawkins, & Werchon, 2012; Verstuyf, Van Petegem, Vansteenkiste, Soenens, & Boone, 2014). O desvio do ideal de beleza aceite pela sociedade moderna pode levar a uma imagem corporal negativa e a um declínio da autoestima e do bem-estar geral (Van Den Berg, Keery, Eisenberg, & Neumark-Sztainer, 2010). Isto afecta uma tarefa central do desenvolvimento durante a adolescência, a construção de uma identidade sólida e estável (Erikson, 1968). Numa altura em que os adolescentes estão preocupados com a sua imagem corporal, peso e aparência pessoal, têm de lidar com alterações fisiológicas que dificultam a sua capacidade de formar uma imagem corporal positiva. Mensagens socioculturais disseminadas pela televisão, revistas e mídias sociais influenciam esses conceitos de imagem corporal, peso e aparência pessoal, incentivando as mulheres a serem extremamente magras e os homens a desenvolverem um corpo magro e musculoso (Silva, 2006; Slater et al., 2012). A mensagem central difundida pela cultura de consumo é que a obtenção do corpo perfeito é a chave para uma vida bem-sucedida e feliz (Verstuyf et al., 2014).

As mensagens socioculturais não são a única influência sobre a imagem corporal. A relação pais-adolescente é uma variável-chave que afecta a imagem corporal e o bem-estar tanto das raparigas como dos rapazes adolescentes. O efeito desta relação é o foco dos dois estudos apresentados nesta secção. As suas conclusões indicam a necessidade de mais investigação que possa gerar apoio para a tão necessária formação de assistentes sociais e educadores e para programas de intervenção para adolescentes e seus pais.

CAPÍTULO 4: A PERCEPÇÃO DA FILHA ADOLESCENTE SOBRE A SUA RELAÇÃO MÃE-FILHA E A SUA INFLUÊNCIA NA SUA IMAGEM CORPORAL

A imagem corporal surge como um fator significativo que afecta a saúde e o bem-estar durante a adolescência, à medida que as raparigas começam a concentrar-se mais na sua aparência física. A forma como as raparigas adolescentes formulam e definem os seus ideais de imagem corporal e as subsequentes autocomparações é fortemente influenciada por factores pessoais e culturais (National Association of Social Workers, 2001; Polivy,

Garner, & Garfinkel, 1986), por alterações fisiológicas (Bearman, Presnell, Martinez, & Stice, 2006; Flum, 1995; Moss, 1988) e pela relação pais-filhos. Especificamente, a relação mãe-filha desempenha um papel extremamente importante na criação da perceção que uma adolescente tem de si própria e do seu corpo (Asher, 1992; Blodgett Salafia, Gondoli, Corning, McEnery, & Grundy, 2007; Ogden & Steward, 2000).

O estudo que se segue apresentará uma investigação sobre a relação entre as mães e as suas filhas adolescentes e o efeito dessa relação no desenvolvimento da imagem corporal da filha. Embora muito tenha sido escrito sobre a imagem corporal e as raparigas adolescentes, menos estudos se centraram na identificação de factores que moderam a relação entre a imagem corporal e o funcionamento psicológico, tais como a natureza da relação mãe-filha e a forma como as duas percepcionam a imagem corporal da filha. O estudo examinou esta perceção de dois pontos de vista: a visão que a filha tem de si própria e a perceção que a mãe tem da forma como a filha vê o seu próprio corpo. Foi também analisada a relação entre a imagem corporal da rapariga e a sua perceção do seu próprio bem-estar. Quarenta e seis díades mãe-filha responderam a perguntas sobre a sua relação, o nível de satisfação que sentem nas suas vidas e a visão da mãe e da filha sobre a imagem corporal da filha.

Imagem corporal das raparigas adolescentes

A imagem corporal é definida como a imagem subjectiva da forma e do tamanho do próprio corpo e das emoções que se relacionam com as partes do corpo e com o corpo como um todo (Capon-Sohezki, 2007; Fein, 2004; Kurtz, 2010; Tamir, 2011). A imagem corporal é formada pela avaliação cognitiva e pela comparação com os outros. Frequentemente feita de forma inconsciente, esta avaliação envolve elementos neurológicos, emocionais e sociais (Cash & Smolack, 2011; Fallon, 1990; Thompson & Stice, 2001) e é influenciada por normas socioculturais (Te'omim, 2006). Normalmente, a imagem corporal de uma pessoa é formada ao longo de um processo gradual e moroso que começa no nascimento e é moldado pelo contacto do corpo com o seu ambiente, pelas atitudes dos pais e adultos significativos e, depois, pelos pares. No entanto, a imagem corporal também pode mudar, como resultado de crises (Becker, 1995; Kurtz, 2010; Tamir, 2011).

A imagem corporal tem um papel importante, mas problemático, no funcionamento diário das raparigas adolescentes. Estas são muito influenciadas pela perceção cultural do corpo ideal, dada a forte ênfase colocada na beleza e na aparência exterior do corpo feminino nos meios de comunicação social e nos ambientes educativos, familiares e sociais (Hurd Clarke & Griffen, 2007; Liechty, 2009; Liechty & Yarnal, 2010; Manos, Sebastián, Bueno, Mateos, & De la Torre, 2005). As mudanças corporais nos adolescentes podem influenciar grandemente a posição social, a auto-confiança e as relações familiares (Cong & May, 2013). Estas mudanças ocorrem na constituição, aparência externa, altura, peso, proporções e postura (Erikson, 1950; Greenberg & Ben Bessat, 2009). Obrigam os adolescentes a lidar com alterações fisiológicas que dificultam a sua capacidade de formar uma imagem corporal positiva. A formação de uma imagem corporal positiva é um dos grandes desafios dos adolescentes (Coccia, Darling, Rehm, Cui, & Sathe, 2012), e tanto os rapazes como as raparigas lidam constantemente com a exigência social da magreza e da figura ideal. O desenvolvimento físico dos adolescentes também resulta numa tendência para um interesse exagerado na atratividade física (Flum, 1995). A aparência exterior e a constituição corporal são de extrema importância nesta idade; de facto, muitos adolescentes têm uma perceção estereotipada de que o sucesso na vida depende deles (Greenberg & Ben Bessat, 2009).

Em estudos de investigação, o Índice de Massa Corporal (IMC = Kg/M^2), que mede a adiposidade, é frequentemente utilizado para prever o efeito do peso corporal na imagem corporal. Um estudo realizado em 2006 concluiu que o IMC é um indicador impreciso da imagem corporal entre rapazes e raparigas adolescentes (Te'omim, 2006). No entanto, investigações anteriores (Barker & Galambos, 2003; Presnell, Bearman, & Stice, 2004; Rosenblum & Lewis, 1999) demonstraram que o IMC é um preditor consistente da imagem corporal negativa tanto das raparigas como dos rapazes (Field et al., 2001).

Embora se tenha verificado que a imagem corporal influencia o bem-estar psicológico em diferentes fases da vida, esta relação é mais forte durante a adolescência (Carroll, Tiggemann, & Wade, 1999; Cash & Henry, 1995; Frisen, Lunde, & Hwang, 2009; Rosenblum & Lewis, 1999). Nos Estados Unidos, pelo menos cinquenta por cento das raparigas adolescentes estão insatisfeitas com a sua aparência (Cash & Henry, 1995) e na Austrália foram registados resultados semelhantes (Knauss, Paxton, & Alsaker, 2007; Tiggemann & Lynch, 2001). As avaliações subjectivas da imagem corporal permanecem relativamente estáveis durante os primeiros anos da adolescência, mas tornam-se cada vez mais negativas por volta dos 15-18 anos devido às alterações pubertárias (por exemplo, alargamento das ancas). Muito se tem escrito sobre o efeito de uma má imagem corporal nas raparigas adolescentes; no entanto, poucos estudos se centraram em variáveis que moderem a relação entre a imagem corporal e o funcionamento psicológico, como a natureza da relação mãe-filha.

A relação mãe-filha na adolescência e o desenvolvimento e a formação da imagem corporal

A relação mãe-filha é uma das relações mais intrincadas entre duas pessoas e, durante a adolescência, pode ser complexa e multifacetada (Kenemor & Spira, 1996). Existem várias teorias e pontos de vista relacionados com a relação mãe-filha que afectam o desenvolvimento da imagem corporal das raparigas adolescentes. Os psicanalistas defendem que o maior objeto de amor de uma filha é a sua mãe; todas as fases do desenvolvimento de uma rapariga são influenciadas pela sua ligação à mãe (Onayli, 2010). As relações interpessoais são entendidas como um meio primário através do qual os indivíduos desenvolvem a sua identidade e uma autoimagem e imagem corporal positivas ao longo da vida (O'Donnell, 1976; Youniss, 1980). Alguns investigadores analisaram as relações interpessoais na perspetiva das relações de vinculação, que começam na infância com a vinculação aos cuidadores primários (ver Capítulo 1; Bowlby, 1988; Greenberg, Siegel, & Leitch, 1983). Um sentimento de segurança com uma figura de vinculação incute uma autoimagem positiva, permitindo que os indivíduos se sintam bem consigo próprios numa variedade de áreas de ajustamento, incluindo a imagem corporal, os objectivos vocacionais e educacionais e as relações sociais (Kenny, Griffiths, & Grossman, 2005; Offer, Ostrov, Howard, & Dolan, 1992).

Fisher (1990) afirmou que a relação mãe-filha é de extrema importância para a auto-definição da mulher; por conseguinte, é necessária uma relação positiva para o desenvolvimento saudável da filha (La Sorsa & Fodor, 1990). Estudos demonstraram também que a relação mãe-filha influencia grandemente a formação da perceção que a adolescente tem de si própria e do seu corpo (Asher, 1992). Foi demonstrado que a conduta da mãe, juntamente com a sua relação com a filha, pode ter um impacto direto e indireto nos hábitos alimentares e na imagem corporal da filha (Cooley, Toray, Wang, & Valdez, 2008). Especificamente, limites pouco claros no seio de uma família e uma relação complexa e espinhosa entre mãe e filha podem contribuir significativamente para uma imagem corporal negativa (Ogden & Steward, 2000).

Estudos demonstraram que os pais que se preocupam com o seu peso e aparência servem de modelo a imitar pelos seus filhos, que tendem a seguir padrões de preocupação com a imagem corporal (Jaffe & Worobey, 2006; Ogden & Steward, 2000; Steiger, Stotland, Ghadirian, & Whitehead, 1994). Embora possam não ter consciência de o fazer, alguns pais pressionam os filhos relativamente a tudo o que se relaciona com a alimentação e o peso corporal. Geram nos seus filhos sentimentos de insatisfação corporal, que podem resultar numa perturbação alimentar (Jaffe & Worobey, 2006). Hall e Brown (1982) descobriram que as mães de filhas com anorexia nervosa apresentavam um nível mais elevado de insatisfação com o seu próprio corpo e de preocupação com o seu peso do que as mães de filhas não anorécticas. Do mesmo modo, Steiger e colegas (1994) encontraram uma ligação estreita entre mães e filhas no que respeita às suas preocupações com o peso. Os resultados do seu estudo indicaram que a imagem corporal da filha está positivamente ligada à sensação subjectiva de bem-estar da mãe, e que ambas aumentam proporcionalmente uma à outra. Numa relação em que a mãe não se preocupa com o peso corporal e a imagem corporal da filha, esta não tem ansiedade em relação ao peso e à imagem corporal e é mais provável que esteja satisfeita com a sua vida. No entanto, Attie e Brooks-Gunn (1989) descobriram que as mães com perturbações alimentares compulsivas e imagem corporal negativa não têm necessariamente filhas preocupadas com o peso e a imagem corporal.

A documentação sobre o estado psicossocial das jovens em vários estudos de investigação revelou que as raparigas adolescentes chegam a uma encruzilhada em que um caminho leva a um declínio do seu valor próprio, da sua imagem corporal e até do seu desempenho académico. É nesta altura que as raparigas estão prestes a entrar no mundo dos adultos, e muitos investigadores consideram imperativo explorar esta encruzilhada no contexto da relação mãe-filha (Holzgraefe, 2003). Os resultados da investigação têm enfatizado o significado da relação mãe-adolescente e a importância de orientar as intervenções de aconselhamento tanto para melhorar as práticas parentais, como para ajudar as adolescentes a regular os afectos negativos como forma de prevenir o desenvolvimento de uma alimentação desadaptativa (Blodgett Salafia et al., 2007).

As relações interpessoais também contribuem para o bem-estar (Blyth, Hill, & Thiel, 1982; Cauce, Felner, & primavera, 1982; Greenberg, Siegel, & Leitch, 1983; O'Donnell, 1976; Offer et al., 1992; Raja, McGee, & Stanton, 1992; Youniss, 1980; Youniss & Smollar, 1985). Verificou-se, em particular, que os laços afectivos intensos e duradouros têm efeitos positivos na autoestima, na imagem corporal (Cassidy, 1988) e no ajustamento emocional (Kenny et al., 2005; Sroufe, Fox, & Pancake, 1983). Greenberg et al. (1983) examinaram a forma como a vinculação está relacionada com o bem-estar durante a adolescência e concluíram que a vinculação parental tinha uma relação mais forte com o bem-estar do que a vinculação com os pares. De acordo com Greenberg et al. (1983), a vinculação aos pais não depende da proximidade, mas dos laços afectivos. Armsden e Greenberg (1987), através do desenvolvimento do Inventário de Vinculação entre Pais e Colegas, determinaram que uma forte vinculação entre pais e adolescentes permite que os adolescentes procurem e se desenvolvam de forma autónoma em novas situações.

Bem-estar dos adolescentes

No centro do estudo do bem-estar está a análise dos sentimentos subjectivos dos indivíduos sobre a qualidade da sua própria vida - o bem-estar subjetivo. O bem-estar subjetivo (BES) é definido como "um termo genérico para as diferentes avaliações que as pessoas fazem relativamente às suas vidas, aos acontecimentos que lhes acontecem, ao seu corpo e mente e às circunstâncias em que vivem" (Diener, 2000). O BES tem uma estrutura multidimensional; compreende duas componentes distintas (Diener, 1984): uma componente cognitiva, relacionada com as avaliações da satisfação com a vida, e uma componente afectiva, que se refere tanto à presença de altos níveis de afeto positivo como a baixos níveis de experiências emocionais negativas (Andrews & Robinson, 1991; Diener, 2000; Diener, Lucas, & Oishi, 2002; Samman, 2007). A componente afectiva é uma avaliação hedónica guiada por emoções e sentimentos. Em contraste, a componente cognitiva é uma avaliação baseada na informação da satisfação com a vida, em que as pessoas avaliam até que ponto as suas vidas foram medidas pelas suas experiências (Diener, 2000).

Os estudos que investigam o SWB avaliam a combinação das componentes cognitiva e afectiva (Rejeski & Mihalko, 2001). Estas experiências centram-se nos sentimentos e nos recursos dos indivíduos, tais como as estratégias de confronto (Diener, 1994). O sentimento de bem-estar influencia a forma como as pessoas lidam com o stress em situações difíceis da vida e com os desafios do desenvolvimento, como a adolescência. Estudos demonstraram que níveis elevados de bem-estar positivo constituem um fator útil para lidar com o stress. Um sentimento positivo de bem-estar estimula as competências sociais, a curiosidade e a vitalidade, levando os indivíduos a tomar decisões e até a estimular o seu pensamento criativo. As pessoas com um BES positivo reagem rapidamente aos acontecimentos negativos e enfrentam-nos melhor do que as pessoas com um BES negativo (Diener & Diener, 1996).

Os estudos de investigação baseados numa abordagem hedonista do BES dos adolescentes centram-se geralmente na análise dos sentimentos de satisfação dos adolescentes. Mostraram que o bem-estar nesta idade está ligado a uma variedade de caraterísticas pessoais: um sentido de capacidade e traços de externalização, caraterísticas ambientais, tais como a extensão do apoio parental, factores relacionados com a idade que afectam a natureza da relação pais-filhos, a forma como os adolescentes se vêem a si próprios e como pensam que os outros os vêem (Suldo, Huebner, Friedrich, & Gilman, 2009). Os resultados relativos à contribuição de uma relação parental segura para o BES dos adolescentes variaram em diferentes estudos. Um estudo identificou três dimensões através das quais os adolescentes definiam o seu bem-estar: ser valioso, capaz e confiante. Os inquiridos do estudo consideraram que estas caraterísticas podiam estar relacionadas com as relações interpessoais, como a relação com os pais. Também citaram outros elementos que contribuem para o bem-estar, como actividades divertidas, boa saúde, capacidade de lidar com o stress, alimentação e atividade física (Fattore, Mason, & Watson, 2009; Walter & Ben Zvi, 2011).

Método

Este estudo examinou a ligação entre a imagem corporal (variável independente) e o sentimento subjetivo de bem-estar (variável dependente) em raparigas adolescentes, e a correlação percebida entre eles, a partir de dois pontos de vista: a visão que a filha tem de si própria e a perceção que a mãe tem da forma como a filha vê o seu próprio corpo. A sensação subjectiva de bem-estar foi examinada tanto para a mãe como para a filha, bem como a influência da qualidade da sua relação. Além disso, foram avaliadas duas variáveis objectivas: a participação na atividade física e o IMC.

Participantes

Quarenta e seis díades, mães e filhas adolescentes em Israel, participaram no estudo, resultando num total de 92 participantes na investigação. A idade média das mães era de 41,1 anos, a altura média de 164,8 e o peso de 64,3 kg, e o IMC médio era de 23,35, indicando peso e massa corporal normais (ver quadro 1). A situação familiar indicava que 82,6% eram casadas ou viviam com um companheiro, 4,3% eram solteiras (e criavam os filhos sozinhas) e 10,9% eram divorciadas, enquanto 2,2% não se enquadravam na categoria oferecida. Entre as mães, 69,6% tinham formação académica, 19,6% tinham outro tipo de formação para além do ensino secundário, 8,7% tinham o ensino secundário e 2,2% tinham o ensino básico. A idade das filhas variava entre os 12 e os 17 anos. A média de idade foi de 14,82 anos, peso médio de 52,4 kg e altura média de 159,4 cm. O IMC médio foi de 20,62, indicando peso e massa corporal normais.

Medidas

Foram utilizados cinco questionários ou medidas no estudo de investigação:

(1) O Leisure Time Exercise Questionnaire (LTEQ; Godin & Shepard, 1985) fornece informações sobre o fator atividade física (variável quantitativa), que pode influenciar a imagem corporal. Trata-se de um questionário de auto-relato que pede aos inquiridos que descrevam o seu nível médio de atividade física semanal, assinalando o número de vezes por semana que praticam mais de 15 minutos de atividade física. Entre os adultos, o questionário apresenta uma elevada fiabilidade teste-reteste, r=.74 (Godin & Shepard, 1985). No presente estudo de investigação, verificou-se que o questionário tinha uma fiabilidade interna média para as mães, α = 0,64, e para as filhas, α = 0,60.

(2) O Índice de Massa Corporal (IMC = Kg/M^2) é utilizado para medir a adiposidade (Pietrobelli, Faith, Allison, Gallagher, Chiumello, & Heymsfield, 1998). A altura foi medida ao milímetro mais próximo com estadiómetros e o peso foi medido com balanças digitais. O IMC inferior a 18,5 é considerado baixo peso, 18,5-24,9 é considerado normal e ótimo, e superior a 25 é considerado excesso de peso (National Heart Foundation, 2007).

(3) O Questionário de Gray Modificado examina a variável independente da imagem corporal. O questionário de Gray (1977) consiste em 12 afirmações que examinam

pensamentos e sentimentos positivos e negativos relativamente ao corpo. A pontuação final significa a extensão dos sentimentos positivos ou negativos em relação ao corpo como um todo, ou o quanto a pessoa aceita ou está desapontada com o seu próprio corpo e aparência. O questionário foi traduzido para hebraico por Palgi (2008) e obteve uma fiabilidade interna de $\alpha = 0,82$ (Besser, Amir, & Barkan, 2004). No presente estudo, a fiabilidade interna foi elevada, $\alpha = 0,89$.

(4) A sensação subjectiva de bem-estar foi medida pelo questionário Mental Health Inventory (MHI), compilado por Veit e Ware (1983) e traduzido para hebraico por Florian e Drori (1990). O presente estudo utilizou uma versão abreviada de 10 perguntas que examinavam o nível de bem-estar pessoal e a extensão dos sentimentos positivos. Havia também perguntas que investigavam o stress emocional e os sentimentos negativos. Em 1990, o questionário apresentou uma fiabilidade interna de $\alpha = 0,96$. No presente estudo, o questionário apresentou uma fiabilidade interna de $\alpha = 0,89$ para as mães e ainda mais elevada para as filhas, $\alpha = 0,96$.

(5) A ligação entre a mãe e a filha foi examinada através do Questionário sobre a Relação com a Mãe (Mayseless & Hai, 1998). Os 27 itens deste questionário abordam vários aspectos desta relação, tais como: intimidade emocional, autonomia, comunicação e relações mútuas. No presente estudo, verificou-se que este questionário apresenta uma elevada fiabilidade interna, $\alpha = .90$ para as mães e $\alpha = .94$ para as filhas.

Procedimento

Esta investigação utilizou um módulo de um sítio Web (Qualtrics). O questionário inicial foi apresentado através das redes sociais, incluindo a plataforma Facebook, e também abordámos mães e adolescentes e pedimos-lhes que apresentassem o questionário na sua página pessoal do Facebook. Além disso, recrutámos participantes através de vários fóruns que trabalham ou estão envolvidos com pais e adolescentes, tais como escolas e centros comunitários.

Resultados

Foram efectuadas várias análises dos dados: testes t de amostras emparelhadas comparando as médias das variáveis selecionadas entre as mães e as filhas, correlações de Pearson de ordem zero entre a perceção das mães e das filhas sobre a sua relação e análises de regressão múltipla para prever o bem-estar das filhas utilizando as variáveis das filhas e das mães. A análise de interação de duas vias foi realizada através da análise de regressão, incluindo o termo de interação entre a imagem corporal das filhas e a perceção da relação mãe-filha por parte das mães (centrada antes do cálculo), prevendo o bem-estar geral das filhas.

Tabela 1: Diferenças nas variáveis selecionadas entre as mães e as suas filhas

	T	n	Filhas SD	Filhas M	Mães SD	Mães M
Relações	-.43	46	1.15	4.24	.86	4.19
Atividade física	-3.60**	46	38.02	46.95	24.58	23.61
IMC	-4.38***	42	3.11	20.28	3.66	23.37
Bem-estar geral	-1.31	46	1.01	3.82	.79	4.03
Imagem corporal[1] (Questionário de Gray)	-2.28*	46	.77	3.21	.62	3.45

Nota:[1] A pontuação das mães na escala de imagem corporal é a perceção da imagem corporal da sua filha
*$p < .05$ ** $p < .01$ ***$p < .001$

Os testes t de amostras emparelhadas que comparam as médias das variáveis selecionadas entre as mães e as filhas (ver quadro 2) revelaram o seguinte: a frequência da atividade física foi estatisticamente mais significativa para as filhas do que para as mães; as mães tinham um IMC mais elevado do que as filhas; e a perceção das mães sobre a imagem corporal das filhas foi significativamente mais positiva em comparação com a perceção das filhas sobre a sua própria imagem corporal, $t(45) = -2,28$, $p < 0,05$.

Quadro 2: Correlações de ordem zero entre as variáveis das mães e das filhas

		Daughters Body Image[1] (Gray's Questionnaire)	General Well-being	BMI	Physical Activity	Relationships
	Relationships	.05	.06	-.13	-.07	.68***
	Physical activity	.10	.06	-.01	.07	-.01
	BMI	-.14	-.26	.09	.04	-.15
	General well-being	.30*	.27	.01	-.05	-.01
Mothers	Body image[1] (Gray's Questionnaire	.52**	.45**	-.16	.07	.02

As correlações de Pearson de ordem zero revelaram uma associação positiva e forte entre a perceção das mães e das filhas sobre o seu relacionamento, $r(46) = .68$, $p < .001$. Por outras palavras, a perceção positiva da relação feita pela mãe correspondia diretamente à perceção da filha (e vice-versa). Também foi observado que o bem-estar geral das filhas estava relacionado com a imagem corporal percebida pelas mães, $r(45) = .45$, $p < .001$. A imagem corporal das filhas foi positivamente associada ao bem-estar geral das mães, $r(46) = .30$, $p < .05$. Finalmente, a imagem corporal das filhas, avaliada separadamente pelas mães e pelas filhas, foi significativamente relacionada de forma positiva, $r(46) = .52$, $p <$

.001.

Quadro 3: Resumo da regressão múltipla que prevê o bem-estar geral das filhas (N = 46)

Variável	Passo 2			Passo 1		
	B	$SE\ B$	B	B	$SE\ B$	B
Perceção da relação com a filha	.22	.13	.19	.10	.08	.08
IMC da filha	.21*	.03	.07	.19*	.03	.06
Atividade física da filha	.06	.00	.00	.05	.00	.00
A imagem corporal da filha	.73***	.16	.97	.85*	.13	1.12
Perceção da relação com a mãe	-.13	.14	-.15			
IMC da mãe	-.12	.02	-.03			
Atividade física da mãe	-.03	.00	.00			
Imagem corporal da mãe	.13	.20	.22			
Bem-estar geral da mãe	-.03	.13	-.04			
R^2	.74			.74		
F para alteração em R^2	1.11			29.57***		

Nota: $*p < .05.$ $**p < .01$ $***p < .001.$

A análise de regressão múltipla que previu o bem-estar das filhas utilizando as variáveis das filhas e das mães produziu um modelo de regressão global significativo, $F(4, 37) = 29,57$, $p < .001$, $R2 = .76$, $R2\ Adj = .74$. O IMC das filhas e a perceção da imagem corporal das filhas foram as únicas variáveis que contribuíram significativamente para o bem-estar geral das filhas, representando em conjunto mais de 75% da variância do bem-estar geral. No passo 2, a adição das variáveis das mães não contribuiu para a interpretação do bem-estar geral das filhas, uma vez que nenhuma destas variáveis previu o bem-estar geral. O IMC e a imagem corporal das filhas voltaram a contribuir significativamente para o bem-estar.

Imagem corporal e interação na relação entre mãe e filha

A análise de interação de duas vias foi realizada através de uma análise de regressão e incluindo o termo de interação da imagem corporal e a perceção da filha sobre a relação (centrada antes do cálculo), prevendo o bem-estar geral da filha. O modelo de regressão (ver tabela 3) foi considerado estatisticamente significativo, $F(3, 42) = 47,14$, $p < .001$, $R2\ Adj = .75$. A perceção da relação moderou o impacto da imagem corporal no bem-estar geral das filhas; no caso de uma imagem corporal baixa, uma relação mãe-filha forte produziu um nível mais elevado de bem-estar geral. No caso de uma imagem corporal de nível superior, as raparigas com uma relação mãe-filha fraca tinham um nível de bem-estar semelhante ao das raparigas com uma relação mãe-filha forte.

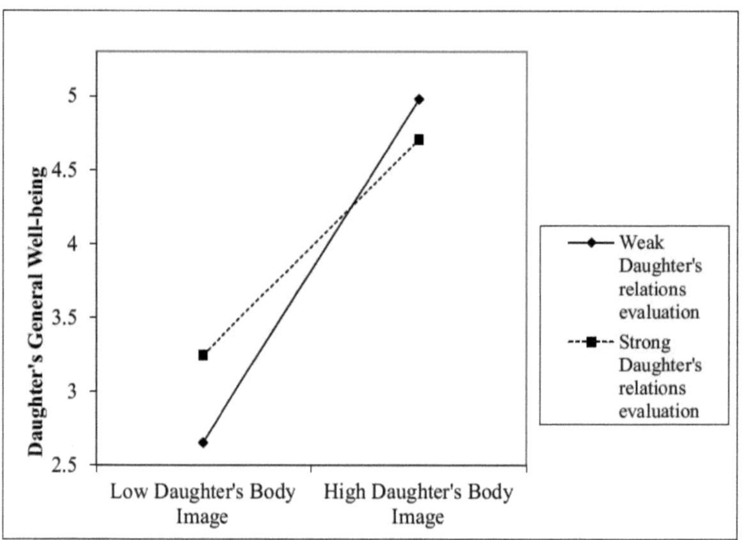

A análise de interação de duas vias foi realizada através da análise de regressão e da inclusão do termo de interação da imagem corporal da filha e da perceção da mãe sobre a relação (centrada antes do cálculo), prevendo o bem-estar geral da filha. O modelo de regressão foi considerado estatisticamente significativo, $F(3, 42) = 44,58$, $p < .001$, R2 Adj = .74. Quando a filha tinha um nível elevado de imagem corporal, verificou-se uma tendência para a perceção da relação da mãe estar positivamente associada ao bem-estar da filha (IC 95%: -0,55 - 0,05); no entanto, quando a imagem corporal da filha era baixa, esta associação tornou-se negativa (IC 95%: -0,01 - 0,66). Por outras palavras, para as filhas com uma imagem corporal elevada, as relações mãe-filha fortes (tal como percepcionadas pela mãe) estavam associadas a um maior bem-estar da filha; e, para as filhas com uma imagem corporal baixa, as relações mãe-filha fortes (tal como percepcionadas pela mãe) estavam associadas a um menor bem-estar da filha.

Figura 2: Interação entre a imagem corporal e a relação mãe-filha (perceção da mãe sobre a perceção da filha)

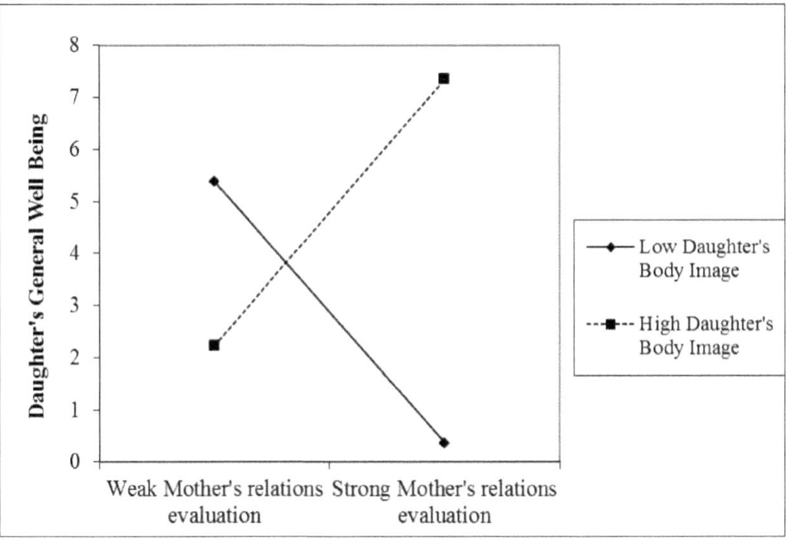

Discussão

Esta investigação avaliou o efeito da imagem corporal da filha adolescente (variável independente) e da sua relação (variável independente) com a mãe na perceção que a filha tem do seu bem-estar (variável dependente). Além disso, a investigação previu a contribuição da perceção da filha da sua relação com a mãe para o seu bem-estar e a ligação entre a perceção da sua imagem corporal e o seu bem-estar. A abordagem intergeracional sugere que a imagem corporal da mãe será transferida para a filha através da relação entre ambas (Onayli, 2010). No entanto, o presente estudo encontrou diferenças significativas entre a perceção da imagem corporal da filha e a perceção da mãe sobre a imagem corporal da filha. A perceção da mãe sobre a forma como a filha avalia a sua própria imagem corporal foi mais positiva do que a avaliação real que a filha faz de si própria.

A análise do Índice de Massa Corporal (IMC) e do nível de atividade física indicou diferenças entre mães e filhas. Os valores de IMC das filhas foram menores do que os das mães, provavelmente devido à menor idade e à maior participação em atividades físicas. Esses achados são compatíveis com os de estudos anteriores que investigaram as caraterísticas típicas da adolescência (Godin & Shepard, 1985). Isto também pode explicar o facto de as mães terem uma perceção mais positiva dos níveis de IMC das filhas do que as próprias filhas.

Ao analisar estas variáveis, encontrámos uma correlação positiva entre a avaliação que as mães e as filhas fazem da qualidade da sua relação. Esta qualidade reside na ligação mútua entre elas e pode ser explicada pela teoria da vinculação de Bowlby (Bowlby, 1988). Bowlby teorizou que a perceção da qualidade da relação que se desenvolve na adolescência se baseia nas primeiras experiências entre pais e filhos.

Uma outra explicação para a ligação positiva na perceção da qualidade da relação é a teoria do "eu que olha para o espelho" de Charles Cooley (Neve, Elad, & Ran, 2003). O self de uma pessoa desenvolve-se nos grupos iniciais da vida, sendo a família o grupo primário mais significativo. De acordo com a teoria do self "looking-glass" (Cooley et al., 2008), o self desenvolve-se através de um processo social de três etapas: a primeira etapa é a forma como pensamos que os outros percepcionam o nosso comportamento, a segunda é como pensamos que os outros julgam o nosso comportamento e a terceira é como avaliamos o nosso próprio comportamento à luz das reacções dos outros. Assim, as pessoas avaliam-se a si próprias de acordo com a forma como concebem os sentimentos dos outros em relação ao seu comportamento e aparência (Neve et al., 2003).

A relação mãe-filha tem uma forte influência na forma como a rapariga adolescente percepciona a sua imagem corporal (Asher, 1992). De facto, as mães podem afetar direta ou indiretamente os comportamentos em muitas áreas da vida dos filhos, quer sejam hábitos alimentares, atitudes em relação a si próprios ou, certamente, a imagem corporal (Cooley et al., 2008). Cooley et al. (2008) descobriram no seu estudo que a medida em que uma mãe aprecia a perceção da imagem corporal da sua filha está correlacionada com o bem-estar subjetivo da filha. Isto pode ser explicado por Fischer (1990), que afirmou que a dependência mútua e a ligação emocional entre uma mãe e uma filha são mais significativas do que qualquer outra relação. Além disso, é crucial para a auto-definição da filha e para o seu sentimento de satisfação com a sua própria vida (La Sorsa & Fodor, 1990). A mesma constatação pode estar relacionada com a constatação anterior deste estudo de que a mãe tinha uma perceção mais positiva do que a filha do peso corporal da filha. Este estudo também revelou uma forte correlação positiva entre a forma como a filha percepciona o seu próprio corpo e a forma como a mãe percepciona a imagem corporal da filha.

Foram também investigados os factores mais susceptíveis de prever o que contribuirá para um aumento do BES nas raparigas adolescentes. No primeiro modelo de análise de regressão, verificou-se que a perceção da imagem corporal é o fator de previsão mais significativo para o BES das raparigas adolescentes. O IMC também foi um fator de previsão; no entanto, a atividade física não foi um fator contributivo. A medida do IMC serve como uma representação da aparência exterior da rapariga, um ponto de referência interno que a ajuda, bem como aos que a rodeiam, a formar uma visão e uma perceção dela (Diener, Wolsic, & Fujita, 1995).

Com base na influência destas variáveis, optámos por alargar a análise do efeito da perceção da relação, comparando a perceção da mãe e da filha sobre a qualidade da sua relação. A análise destes dois pontos de vista conduziu a resultados contraditórios, relacionados com a perceção de alto e baixo nível de imagem corporal das adolescentes. Quando apenas a mãe percepcionava a sua relação com a filha como boa, a imagem corporal negativa da filha era o fator decisivo e a filha tinha um baixo sentimento de bem-estar. Por outras palavras, uma boa relação com a mãe, *tal como percebida pela filha,* aumentava o bem-estar da filha, mesmo quando esta se sentia mal em relação ao seu corpo. A sua ligação com a mãe serviu de apoio importante para o desenvolvimento emocional que afectou o seu sentimento de bem-estar. Isto está de acordo com os resultados de investigações anteriores, segundo os quais um sentimento de segurança com uma figura de vinculação parece incutir uma autoimagem positiva que afecta uma variedade de áreas de ajustamento, incluindo a imagem corporal, objectivos vocacionais/educacionais e relações sociais (Kenny et al., 2005; Offer et al., 1992). Para as raparigas que têm uma imagem corporal positiva mas uma relação mãe-filha pobre, esta última não parece influenciar negativamente o seu sentimento de bem-estar.

Parece que a contribuição do ambiente é fundamental. Diener e colegas sugeriram que os indivíduos que estão muito satisfeitos com o seu corpo e aparência externa se consideram mais atractivos e sentem que os outros os consideram atractivos. Consequentemente, estes factores aumentam a sua sensação subjectiva de bem-estar (Diener et al., 1995). O modelo derivado do presente estudo ensina-nos que o IMC, a imagem corporal e a perceção da relação mãe-filha de uma adolescente são os factores significativos que influenciam a sua satisfação com a vida e o seu sentido de bem-estar.

Conclusão

Este estudo explorou a relação entre as mães e as suas filhas adolescentes. Os anos da adolescência, caracterizados por perturbações emocionais e alterações hormonais e fisiológicas extremas, criam numerosas situações de stress e de conflito entre os adolescentes e os seus pais. As mães sentem-se muitas vezes rejeitadas e alienadas pelas suas filhas que desejam formar a sua própria identidade e lutar por um sentido de autonomia. Os resultados da investigação atual sublinham a importância da relação mãe-filha e do apoio emocional da mãe na formação de uma imagem corporal positiva. Mostram também que a perceção que a rapariga tem da sua imagem corporal afecta significativamente a sua sensação de bem-estar e que a perceção positiva que tem da relação com a mãe é uma variável que afecta ambas. Como aprendemos com o estudo, uma boa relação com a mãe aumenta o bem-estar da filha, mesmo quando ela se sente mal em relação ao seu corpo.

Este estudo mostra a contribuição única da perceção da imagem corporal para a sensação subjectiva de bem-estar entre as raparigas adolescentes. Salienta a importância de prestar atenção às consequências das alterações fisiológicas e das perturbações emocionais nesta idade. Tanto os familiares como os profissionais devem manter um contacto próximo com a adolescente durante este período de stress, de modo a prevenir desenvolvimentos potencialmente negativos.

Para além dos programas integrados no sistema educativo (educação sexual, comportamentos de risco e inseguros), podem ser desenvolvidas ferramentas para além das medidas objectivas existentes (IMC calculado em função da altura e do peso) que meçam a perceção que uma jovem tem da sua imagem corporal e da sua relação com a mãe. A identificação precoce das adolescentes cuja imagem corporal negativa contradiz os dados objectivos pode reduzir o risco de deterioração. Além disso, uma maior consciencialização das mães para a importância de construir relações de apoio com as suas filhas pode também prevenir o negativismo prejudicial.

A singularidade deste estudo reside na sua estrutura, ou seja, na utilização da relação diádica mãe-filha. A análise foi efectuada a partir de vários pontos de vista: a perceção que a filha tem de si própria, a perceção que tem da mãe, a perceção que a mãe tem da filha e a perceção que cada uma tem da sua relação. A análise multidimensional indicou a importância da relação mãe-filha, nomeadamente a perceção que a filha tem desta relação durante a adolescência. O estudo foi realizado com 46 díades, embora no futuro deva ser repetido com uma amostra populacional maior, com subdivisões por idade, a fim de aperfeiçoar as caraterísticas de cada fase de desenvolvimento na adolescência.

CAPÍTULO 5: EFEITO DA RELAÇÃO PAIS-ADOLESCENTE NA IMAGEM CORPORAL E NO BEM-ESTAR SUBJECTIVO DOS RAPAZES ADOLESCENTES

Uma nota para os leitores: o contexto científico geral relativo aos conceitos de imagem corporal e bem-estar subjetivo é o mesmo que o incluído no estudo sobre raparigas adolescentes no capítulo quatro. Essas secções foram suprimidas aqui e substituídas por referências sobre onde esse material pode ser encontrado acima.

Embora muito tenha sido escrito sobre a imagem corporal e as raparigas adolescentes, menos estudos se têm centrado nos rapazes adolescentes e nos factores que moderam a relação entre a imagem corporal e o funcionamento psicológico, tais como a natureza da relação pais-adolescentes e o seu efeito no bem-estar dos rapazes adolescentes (Carter, Smith, Bostick, & Grant, 2014; Crespo, Kielpikowski, Jose, & Pryor, 2010; Mancini, 2008). A maior parte da investigação tem-se concentrado no papel das relações familiares e entre pares e no bem-estar psicológico, na medida em que se relacionam com a insatisfação corporal (Bearman, Presnell, Martinez, & Stice, 2006; Helfert & Warschburger, 2011; Michael et al., 2014). O objetivo do presente estudo foi expandir este corpo restrito de conhecimento, examinando tanto o constructo da imagem corporal entre rapazes adolescentes e a sua relação com o seu bem-estar subjetivo (SWB), como a medida em que a relação pais-adolescente modera a associação entre a imagem corporal e o SWB.

Imagem corporal dos rapazes adolescentes

Tanto para rapazes como para raparigas, a definição de imagem corporal e a sua formação inicial é a mesma (ver Capítulo 4, p. 24). Além disso, tal como para as raparigas, o Índice de Massa Corporal (IMC) é amplamente utilizado em estudos com rapazes adolescentes para prever o efeito do peso corporal na imagem corporal. Com base num cálculo específico da proporção altura-peso, um IMC inferior a 18,5 é considerado baixo peso, 18,5-24,9 é considerado normal e ótimo e mais de 25 é considerado excesso de peso (National Heart Foundation em associação com a Faculdade de Saúde Pública e o Ministério da Saúde, 2007). Atualmente, é evidente que os homens se preocupam com a imagem corporal, nomeadamente em relação ao seu peso, constituição, aparência física e IMC (Burlew & Shurts, 2013; Jones & Crawford, 2005; Paxton et al., 2006). Além disso, estudos (Holsen et al., 2012; Wallander et al., 2009) demonstraram que o IMC afecta as percepções da aparência física e do tamanho do corpo.

A percentagem de homens insatisfeitos com o seu corpo triplicou nas últimas três décadas, atingindo 50% de acordo com estudos recentes (Engeln, Sladek, & Waldron, 2013; Frederick, Buchanan, Sadehgi-Azar, Peplau, Haselton, & Berezovskaya, 2007). Os rapazes adolescentes também demonstraram insatisfação com o seu peso, geralmente expressa por um desejo de serem mais magros e, por vezes, expressa por uma tentativa de ganhar peso, em que se assume que o ganho de peso significa adicionar massa muscular (Delfabbro, Winefield, Anderson, Hammarstrom, & Winefield, 2011). Estudos anteriores demonstraram que os rapazes adolescentes demonstraram mais interesse na forma do seu corpo do que no seu peso (Grogan, 2008; Silva, 2006). Além disso, verificaram que os adolescentes que praticam desporto queriam corresponder ao tipo de corpo dos atletas do seu desporto (Galli, Reel, Petrie, Greenleaf, & Carter, 2011). Um estudo de Grogan e Richards (2002) indicou uma insatisfação com os seus corpos de homens com idades compreendidas entre os 8 e os 25 anos no que respeita à massa muscular e ao funcionamento do corpo. Num estudo mais recente, os rapazes adolescentes enfatizaram principalmente os aspectos positivos dos seus corpos, levando potencialmente à conclusão incorrecta de que os rapazes adolescentes não têm problemas com a sua imagem corporal (Cash & Smolak, 2011). De facto, a imagem corporal surgiu como um fator significativo que afecta a saúde e o bem-estar durante esta fase de desenvolvimento, uma vez que os jovens começam a concentrar-se mais na sua aparência física (por exemplo, Bearman et al., 2006; Delfabbro et al., 2011). A forma como os adolescentes formulam e definem os seus ideais de imagem corporal e as subsequentes auto-comparações é fortemente influenciada por factores pessoais, culturais, alterações fisiológicas e pela relação pais-adolescentes (Bearman et al., 2006; Flum, 1995).

Relação entre pais e filhos adolescentes

A relação pais-adolescente desempenha um papel extremamente importante na criação da perceção que um rapaz adolescente tem de si próprio e do seu corpo (Blodgett Salafia, Gondoli, Corning, McEnery, & Grundy, 2007; Marceau, Ram, & Susman, 2014). As relações com os pais podem ser vistas como contextos micro-sociais em que os outros significativos fornecem feedback auto-relevante que apoia o desenvolvimento psicossocial dos jovens, especialmente nas transições da infância para a adolescência e da adolescência para a idade adulta emergente (Koepke & Denissen, 2012; Schachter & Ventura, 2008). Além disso, a adolescência é uma transição de desenvolvimento que afecta mudanças significativas não só no adolescente, mas também nos pais, na dinâmica familiar e na qualidade da relação (Marceau et al., 2014; Steinberg, Dahl, Keating, Kupfer, Masten, & Pine, 2006). Os estudos indicam que o calor ou a proximidade diminuem desde a infância até ao início da adolescência e que no início da adolescência o conflito aumenta (por exemplo, 7-14 anos; Fleming, Catalano, Haggerty, & Abbott, 2010; McGue, Elkins, Walden, & Iacono, 2005; Shanahan, McHale, Crouter, & Osgood, 2007). Na adolescência tardia, pensa-se que a relação pais-filhos evolui no sentido de uma maior autonomia do adolescente e de uma diminuição dos conflitos entre pais e filhos (Marceau et al., 2014).

Esta relação dinâmica entre pais e filhos tem um impacto significativo na imagem corporal da criança (Delfabbro et al., 2011). A investigação indica que as crianças e os adolescentes aprendem com as suas famílias e amigos que devem ser magros e que o excesso de peso não é atrativo (Michael et al., 2014). As mensagens e o feedback dos pais sobre o tamanho e a forma do corpo também foram considerados preditores significativos da satisfação corporal (Helfert & Warschburger, 2011; Holsen et al., 2012). Os pais que são emocionalmente calorosos, disponíveis e que equilibram estas qualidades com expectativas elevadas criam um contexto emocional no qual os adolescentes tendem a ser mais seguros, mais saudáveis e mais seguros do que os seus pares adolescentes criados noutros contextos (Michael et al., 2014). Os investigadores encontraram uma correlação positiva entre os jovens adolescentes que estão satisfeitos com os seus corpos e os pais que são carinhosos e solidários e, consistentemente, entre os jovens adolescentes que estão insatisfeitos com os seus corpos e os pais que são menos carinhosos e calorosos (Bearman et al., 2006; Crespo et al., 2010).

Além disso, em estudos recentes, os investigadores descobriram que os adolescentes com pais positivos e apoiantes têm uma satisfação com a imagem corporal mais consistente ao longo do tempo (Holsen, Jones, & Birkeland, 2012) e que os pais que são críticos e não apoiantes podem ter um impacto negativo nas crenças dos seus filhos adolescentes sobre si próprios (Helfert & Warschburger, 2011; Paxton, Eisenberg, & Neumark-Sztainer, 2006). Estes resultados são consistentes com a investigação anterior de Bearman e colegas (2006) que indica que o apoio parental é um contribuinte prospetivo para a satisfação com a imagem corporal, tanto para rapazes como para raparigas, durante a adolescência.

Bem-estar dos adolescentes

No centro do estudo do bem-estar está a análise dos sentimentos subjectivos dos indivíduos sobre a qualidade da sua própria vida - o bem-estar subjetivo. (Para uma introdução à definição de bem-estar subjetivo (BES), o seu efeito nas estratégias de coping e uma análise dos sentimentos de autossatisfação, ver Capítulo 4, p. 28). Os adolescentes encontram-se numa fase de aprendizagem para lidar com mudanças fisiológicas e sociais que os obrigam a tomar decisões sem experiência prévia (Casas, González, Figuer, & Malo, 2009), e a imagem corporal desempenha um papel importante, mas problemático, no seu funcionamento diário. A adolescência é caracterizada por um declínio no bem-estar (Casas et al., 2009) e pode comprometer a capacidade de alguns adolescentes experimentarem altos níveis de BES (Keyes, 2006; Orkibi, Ronen, & Assoulin, 2014). Não é surpreendente que a imagem corporal tenha surgido em estudos como um fator significativo que afecta a saúde e o bem-estar durante a adolescência (por exemplo, Bearman et al., 2006; Delfabbro et al., 2011; Holsen et al., 2012; Ronen & Seeman, 2007;

Rosenbaum & Ronen, 2013). Estudos realizados na Europa (Casas et al., 2009; Goldbeck, Schmitz, Besier, Herschbach, & Henrich, 2007) e na Austrália (Tomyn & Cummins, 2011) revelaram a existência de um declínio considerável no BES do início para o meio da adolescência, sendo o BES dos jovens de 16 anos significativamente inferior ao dos adolescentes mais novos. Os resultados relativos ao contributo de uma relação parental segura, no contexto de um sentimento de bem-estar pessoal entre os adolescentes, variaram em diferentes estudos. Um estudo identificou três dimensões através das quais os adolescentes definiam o seu bem-estar: ser valioso, capaz e confiante. Os inquiridos do estudo consideraram que estas caraterísticas poderiam estar relacionadas com as relações interpessoais, como a relação com os pais (Shennar-Golan & Walter, 2015). Os inquiridos também citaram outros elementos que contribuem para o bem-estar, como actividades divertidas, boa saúde, capacidade de lidar com o stress, alimentação e atividade física (Fattore, Mason, & Watson, 2009; Walter & Ben Zvi, 2011).

No presente estudo, examinámos a relação entre o BES dos rapazes adolescentes e a sua imagem corporal, testando as seguintes hipóteses de investigação: (1) Serão encontradas diferenças na imagem corporal, nas relações pais-adolescentes e no BES entre adolescentes pertencentes a diferentes grupos etários, desde o início até ao final da adolescência; (2) Será encontrada uma associação positiva entre a imagem corporal e o BES entre rapazes adolescentes; e (3) As relações pais-adolescentes moderarão a associação entre a imagem corporal e o BES.

Método

Participantes

Cento e sete rapazes adolescentes de Israel participaram na investigação, com idades compreendidas entre os 13 e os 18 anos *(M = 15,44, DP = 1,31)*. Dividimos os participantes em três grupos etários médios: 13-14 *(n = 27; 25,2%)*, 15-16 ($n = 55$; 51,4%) e 17-18 ($n = 20$; 18,7%). A altura dos participantes variou entre 1,50-1,90 m ($M = 1,71$, $DP = 0,078$) e o peso entre 33-110 kg ($M = 62,15$, $DP = 11,81$). A altura e o peso foram utilizados para medir o IMC (IMC = Kg/M^2). De acordo com as medições do IMC, 76,6% ($n = 82$) dos participantes tinham peso normal, 10,3% ($n = 11$) tinham excesso de peso e 5,6% ($n = 6$) tinham peso a menos *(M = 20,97, DP = .3,39)*. A ordem de nascimento também foi registada para os participantes, com 34,6% ($n = 37$) primogénitos, 38,3% ($n = 41$) filhos do meio e 27,1% ($n = 29$) filhos mais novos.

Medidas

Foram utilizados cinco questionários no estudo de investigação:

(1) O Índice de Massa Corporal (IMC = Kg/M^2) é utilizado para medir a adiposidade

(Pietrobelli, Faith, Allison, Gallagher, Chiumello, & Heymsfield, 1998). A altura foi medida ao milímetro mais próximo com estadiómetros e o peso foi medido com balanças digitais. O IMC inferior a 18,5 é considerado baixo peso, 18,5-24,9 é considerado normal e ótimo, e superior a 25 é considerado excesso de peso (National Heart Foundation em associação com a Faculdade de Saúde Pública e o Ministério da Saúde, 2007).

(2) A imagem corporal foi avaliada utilizando a Escala de Investimento Corporal (BIS) desenvolvida por Orbach e Mikulincer (1998). A BIS mede 24 itens divididos em quatro factores: Fator 1: *sentimentos e atitudes de imagem corporal;* Fator 2: *conforto no toque;* Fator 3: *cuidados com o corpo*; e Fator 4: *proteção do corpo*. Os participantes pontuaram cada afirmação numa escala de 5 itens que varia entre discordo absolutamente e concordo absolutamente (correspondendo aos valores de 0-4). A pontuação global de cada participante (Índice BIS) variou de 0 a 24 pontos. Quanto mais elevada for a pontuação global, mais positiva é a imagem corporal do participante. A média de cada um dos quatro factores também foi calculada separadamente. O alfa de Cronbach para as quatro subescalas foi de .73, .68, .66 e .56, respetivamente.

(3) A relação pais-adolescentes foi avaliada através da Parental Attachment Scale (PAS) desenvolvida por C. L. Chapple em 2003 (Fischer & Corcoran, 2006). A PAS é uma escala de 6 itens concebida para avaliar a vinculação parental como uma medida de controlo parental. A escala baseia-se na teoria do controlo social de Hirschi, que postula que a vinculação aos pais é primária na vida e constitui a dimensão afectiva do laço social. A soma dos itens é totalizada para obter uma pontuação global que varia entre 0 e 24. Pontuações mais elevadas indicam uma maior ligação aos pais. A PAS tem uma fiabilidade interna razoável, com um alfa de Cronbach de 0,74. No estudo atual, o alfa de Cronbach foi de 0,69.

(4) A sensação subjectiva de bem-estar foi avaliada utilizando o Índice de Bem-Estar Pessoal (PWI-A: International Wellbeing Group, 2006). O PWI-A é composto por uma pergunta global sobre a satisfação com a vida no seu todo e por oito itens que medem a satisfação em domínios específicos da vida: nível de vida, saúde pessoal, realização na vida, relações pessoais, segurança pessoal, ligação à comunidade, segurança futura e religião. Todos os itens foram classificados numa escala que varia de 0 = completamente insatisfeito a 10 = completamente satisfeito. A escala tem um alfa de Cronbach que varia entre 0,70 e 0,85 (International Wellbeing Group, 2006) e, no presente estudo, a fiabilidade interna foi elevada, $\alpha = 0,81$.

(5) Os participantes preencheram um questionário demográfico com dados pessoais, incluindo: sexo, idade, grau de escolaridade, ordem de nascimento, altura e peso.

Procedimento

Os questionários de investigação foram expostos, com a autorização do diretor da escola, numa escola secundária regional no norte de Israel. Os alunos foram abordados na aula e foi-lhes pedido que preenchessem os questionários de forma anónima. Foi esclarecido que a participação na investigação era voluntária. Os dados foram limpos, codificados e analisados utilizando o SPSS versão 18 (SPSS Inc., Chicago, IL). Foram utilizadas estatísticas descritivas para descrever a amostra e as principais variáveis.

Resultados

Foram efectuadas várias análises dos dados: Foi efectuada uma análise Manova para avaliar o efeito da imagem corporal, do BES e da relação pais-adolescentes nos diferentes grupos etários (ver Quadro 1). Foram calculadas correlações de Pearson para analisar a relação entre o BES, a variável dependente, a imagem corporal, a variável independente, o IMC e o grupo etário como medidas objectivas, e a variável moderadora relação pais-adolescente. A relação pais-adolescentes foi analisada em relação à imagem corporal e ao BES. Foi calculada uma correlação parcial de Pearson para avaliar a ligação entre o bem-estar subjetivo e a imagem corporal. Por fim, foi efectuada uma regressão múltipla stepwise para determinar a contribuição das variáveis independentes para explicar a variância do BES.

Tabela 1. Médias, desvios-padrão e resultados do teste Manova para a relação entre o BES, a imagem corporal (Índice BIS) e a relação pais-adolescentes em diferentes grupos etários (N = 107)

	Older (15.5-18) (n=56)		Younger (13-5.5) (n=51)				
	SD	M	SD	M	$F_{(1,105)}$	P	Eta^2
SWB	1.4	7.9	1.5	7.9	0.016	0.899	0.000
BIS Index	0.35	3.59	0.33	3.64	0.574	0.45	0.005
Parent-adolescent Relationship	3.36	18.71	3.20	19.27	0.77	0.38	0.007

Um exame do efeito do grupo etário no BES, na imagem corporal e na relação pais-adolescente não revelou qualquer efeito significativo do grupo etário nas variáveis quando medidas em conjunto *(F* (3,103) = 0,377, p > 0,05; *Eta2* = 0,011). Os resultados também não demonstraram efeito significativo da faixa etária sobre as variáveis medidas individualmente: SWB, F (1,105) = 0.016, p > .05, *Eta2* = 0.00, imagem corporal (Índice

BIS), $F(1,105) = 0.574$, p > .05, *Eta2* = 0.005, e relação pais-adolescentes, $F(1,105) = 0.77$, p > .05, *Eta2* = 0.007. A hipótese de que a idade afectaria as variáveis foi refutada; por conseguinte, a análise posterior foi realizada em toda a amostra como um grupo etário (Tabela 2).

Tabela 2. Correlação de Pearson: imagem corporal, IMC, relação pais-adolescente, faixa etária, BES

Variables	1	2	3	4	5	6	7	8	9
1. Body image feelings and attitudes		-026	-016	.090	.540***	-.349***	286**	-.210*.	.634***
2. Comfort in touch			.129	-.031	.489***	.002	.041	.281**	-.101
3. Body care				.199*	.584***	-.169	.129	-.114	-.044
4. Body protection					.547***	-.039	.094	-.132	.165
5. BIS Index						-.271**	.266**	-.091	.336***
6. BMI							-.182	.407***	-.164
7. Parent-adolescent relationship								-.145	.258**
8. Age group									-.140

*p < .05, **p < .01, ***p < .001

As correlações de Pearson examinaram a relação entre a variável dependente, o BES dos participantes e a variável IMC, a variável independente da imagem corporal (incluindo o Índice BIS e os factores BIS) e a variável moderadora relação pais-adolescentes. Esta análise revelou-se estatisticamente significativa, indicando uma correlação média positiva entre o BES e a imagem corporal (Índice BIS), $r(107) = .336$, p < .001. Foi encontrada uma forte correlação entre o BES e o fator *sentimentos e atitudes da imagem corporal,* $r(107) = .634$, p < .001. Foi encontrada uma correlação média baixa entre o BES e a relação pais-adolescente $r(107) = .258$, p < .01. No entanto, foi encontrada uma correlação média entre a relação pais-adolescente e a imagem corporal (Índice BIS) $r(107) = .266$, p < .01 e uma correlação negativa baixa entre o IMC e a imagem corporal (Índice BIS) $r(107) = -.271$, p < .01.

A constatação inicial de que a faixa etária não tinha um efeito significativo no Índice BIS levou-nos a efetuar uma análise mais aprofundada entre a faixa etária e os factores da imagem corporal (BIS). Verificou-se que as relações entre dois factores, *sentimentos e atitudes em relação à imagem corporal* e *conforto no toque,* eram estatisticamente significativas. Além disso, verificou-se que o fator *sentimentos e atitudes em* relação à imagem corporal tem uma correlação negativa com o IMC e com a relação pais-adolescentes. Além disso, verificou-se que o IMC estava positivamente correlacionado com o grupo etário, $r(107) = .407$, p < .001.

Foi efectuada uma correlação parcial de Pearson para analisar a relação entre a imagem corporal (Índice BIS) e o BES, controlando simultaneamente a relação pais-adolescentes. Os dados são apresentados na Tabela 3.

Tabela 3. Correlação parcial de Pearson entre o BES e a imagem corporal (Índice BIS), controlando a relação pais-adolescentes

Sem controlo	1	2
SWB	-	
Índice BIS	0.336*	
Relação pais-adolescentes	0.258**	**0.263***
Controlo da relação pais-adolescente		
Índice BIS	0.291*	-

*p < .05, **p < .01, ***p < .001

Os resultados indicaram uma correlação positiva média entre o BES e a imagem corporal (Índice BIS), $r(107) = .336$, p < 0,001. Após o controlo da relação pais-adolescente, a correlação enfraqueceu, $r(107) = .287$, p < 0,01, indicando que a relação pais-adolescente modera a relação entre o BES dos rapazes adolescentes e a imagem corporal (Índice BIS).

Foi efectuada uma regressão múltipla por etapas, utilizando a imagem corporal e a relação pais-adolescente para prever o BES dos rapazes adolescentes. Os resultados são apresentados no Quadro 4.

Quadro 4: Previsão do BES pelo fator imagem corporal sentimentos e atitudes

Variables	B	SE B	B	T
Body image feelings and attitudes	1.26	.151	.634	8.41
R^2	.403			
F	3.39 **			

*p < .05, **p < .01, ***p < .001

Os resultados indicam que a variável *sentimentos e atitudes em* relação à *imagem corporal* foi a única que apresentou relação com o BES, respondendo por 40,3% da variância, $F(9,76) = 3,39$, p < .001. Na segunda etapa, foi retirada a variável relação pais-adolescentes. Com base nos coeficientes de regressão não padronizados, pode-se observar uma correlação positiva entre o BES e a variável *sentimentos e atitudes em relação à imagem corporal*, de modo que quanto maior a variável *sentimentos e atitudes em relação à imagem corporal*, maior o BES.

Discussão

Esta investigação analisou e avaliou o efeito da imagem corporal dos rapazes adolescentes (variável independente) e da sua relação com os pais (variável independente) no seu bem-estar subjetivo (variável dependente). Foi refutada a hipótese de que a idade afectaria as medidas do Índice BIS, a relação pais-adolescente e o BES. Os resultados não indicaram qualquer efeito significativo da faixa etária sobre estas variáveis de investigação. Estes resultados contradizem estudos que indicam um efeito das diferentes fases da adolescência no bem-estar dos adolescentes (Tomyn & Cummins, 2011), nas relações pais-adolescentes (Morin, Maiano, Marsh, Janosz, & Nagengast, 2011) e na imagem corporal dos rapazes (Bearman et al., 2006; Rosenblum & Lewis, 1999). Os resultados podem indicar que a forma como os adolescentes formulam e definem os seus ideais de imagem corporal é influenciada por factores pessoais e culturais, alterações fisiológicas e pela relação pais-adolescente (Bearman et al., 2006) e que a idade desempenha um papel secundário.

Curiosamente, a análise secundária do impacto do grupo etário nos factores da imagem corporal revelou resultados diferentes. Verificou-se que o fator *sentimentos e atitudes em relação à imagem corporal* estava negativamente correlacionado com o grupo etário. Os resultados indicaram que, à medida que a faixa etária aumentava, o fator *sentimentos e atitudes em relação à imagem corporal* tornava-se cada vez mais negativo. Estes resultados são consistentes com estudos anteriores que indicam que as avaliações subjectivas da imagem corporal permanecem relativamente estáveis durante os primeiros anos da adolescência, mas tornam-se cada vez mais negativas por volta dos 15-18 anos devido às alterações pubertárias (Rosenblum & Lewis, 1999). No presente estudo, uma análise do fator BIS *conforto no toque* produziu o resultado oposto. *O conforto no toque,* uma base para o auto-desenvolvimento relacionada com o prazer do contacto físico com os outros (Orbach & Mikulincer, 1998), aumentou nos últimos anos da adolescência, presumivelmente porque o físico masculino em amadurecimento corresponde ao ideal muscular associado à masculinidade e ao interesse crescente nas relações íntimas.

Além disso, os resultados da presente investigação enfatizam o efeito da aparência física através da relação entre as variáveis IMC e imagem corporal. À medida que o IMC diminuía, o Índice BIS e o fator *sentimentos e atitudes de imagem corporal* aumentavam. Estes resultados confirmam estudos anteriores (Jones & Crawford, 2005; Paxton et al., 2006). Além disso, são consistentes com estudos (Holsen et al., 2012, Wallander et al.,

2009) que demonstram que o IMC afecta as percepções da aparência física e do tamanho do corpo.

A avaliação da relação entre a imagem corporal e o BES revelou importantes resultados consistentes com estudos anteriores (e.g. Bearman et al., 2006; Delfabbro et al., 2011) em que a imagem corporal emergiu como um fator significativo que afecta a saúde e o bem-estar durante a adolescência. Neste estudo, o fator *sentimentos e atitudes da imagem corporal* teve a relação mais forte com o bem-estar dos adolescentes. O fator *sentimentos e atitudes da imagem corporal* desenvolve-se em relação às mudanças corporais nos adolescentes e é muito influenciado pela posição social, autoconfiança e relações familiares (Cong & May, 2013). A relação direta e positiva entre o fator *sentimentos e atitudes da imagem corporal* e o BES pode resultar de influências socioculturais (Slater et al., 2012). Durante esta fase de desenvolvimento, os adolescentes são influenciados por mensagens que recebem do seu círculo mais próximo (família) e da comunidade envolvente (cultural) que definem a sua imagem corporal. A rejeição ou interiorização de tais mensagens pode influenciar o sentimento de bem-estar dos adolescentes (Van Den Berg et al., 2010).

Os nossos resultados são congruentes com estudos anteriores que indicam o papel crucial da relação familiar, que demonstraram a ligação entre a perceção dos adolescentes da sua relação com os pais e o seu BES (Mancini, 2008). Os resultados deste estudo indicaram que a relação pais-adolescentes modera a relação entre o BES e a imagem corporal dos rapazes adolescentes. Os resultados aprofundam a nossa compreensão do papel significativo da relação pais-adolescente na formação da imagem corporal dos rapazes adolescentes e do seu BES. Estes resultados podem ser explicados de acordo com a perspetiva sistémica (Minuchin, 1985), enfatizando o papel do sistema familiar na relação com o BES e a imagem corporal, em que um membro da família pode influenciar e provocar mudanças em todo o sistema. Tem sido postulado que quando um adolescente se sente insatisfeito com o seu corpo e, portanto, mais vulnerável, as suas interações com outros membros da sua família tornam-se menos positivas, mais conflituosas e mais defensivas (Boutelle, Eisenberg, Gregory, & Neumark-Sztainer, 2009). Isto, por sua vez, pode levar a uma diminuição do BES do adolescente (Tomyn & Cummins, 2011). É possível que uma família que promova a conetividade seja mais suscetível de acolher estas mudanças corporais e proporcionar a um rapaz adolescente um ambiente seguro onde possa reajustar a sua imagem corporal (a um corpo em rápida mudança e às expectativas dos outros) de forma positiva.

Os resultados da análise de regressão indicaram que o fator BIS, *sentimentos e atitudes em relação à imagem corporal,* é o principal e único indicador do BES baseado na perceção do adolescente. Tal como referido anteriormente, a perceção da relação parental foi significativa e positivamente associada ao BES dos adolescentes e modera a relação entre a imagem corporal e o BES, mas não foi considerada um fator de previsão do BES dos adolescentes. Estes resultados são geralmente consistentes com estudos anteriores que demonstram uma ligação entre a perceção da relação parental e o BES (por exemplo, Ronen & Seeman, 2007; Rosenbaum & Ronen, 2013). Bearman et al. (2006) sugerem que as relações familiares de apoio proporcionam segurança numa altura em que os indivíduos se esforçam por obter aceitação social através da conformidade com os ideais corporais. Pode ser que os adolescentes que crescem num ambiente familiar de apoio interiorizem crenças positivas em relação às suas mudanças corporais, o que pode, por sua vez, levar a uma maior satisfação corporal e a um maior bem-estar subjetivo. Esta conclusão é apoiada pelos resultados da investigação de Van Den Berg et al. (2010), que demonstram que as mensagens relacionadas com a imagem corporal podem influenciar a sensação de bem-estar dos adolescentes. Estes resultados podem indicar que a aceitação da imagem corporal, particularmente os sentimentos e atitudes em relação aos seus corpos, são cruciais para o BES dos rapazes adolescentes. Os resultados do presente estudo iluminam o efeito crucial da relação pais-adolescente como uma ponte na previsão do BES.

Conclusão

Este estudo de investigação explorou a relação entre a imagem corporal dos rapazes adolescentes, o seu BES e a relação pais-adolescentes. Os anos da adolescência, caracterizados por perturbações emocionais e mudanças hormonais e fisiológicas extremas, aumentam o stress e o conflito entre os adolescentes e os seus pais (Shenaar-Golan & Walter, 2015). Embora se tenha verificado que a imagem corporal influencia o bem-estar psicológico em diferentes fases da vida, a sua relação é mais forte durante a adolescência. Os resultados da presente investigação enfatizaram a importância da relação pais-adolescentes na formação de uma imagem corporal positiva, expressa por sentimentos e atitudes e BES. Indicaram também que a perceção que os rapazes têm da sua imagem corporal afecta significativamente a sua sensação de bem-estar. Além disso, os resultados demonstraram a importância do fator BIS - *sentimentos e atitudes* em relação à imagem corporal - sobre os outros três factores BIS *(cuidados com o corpo, proteção do corpo e conforto no toque)*. Este fator baseia-se na perceção, enquanto os outros três factores se baseiam em comportamentos, enfatizando a importância de prestar atenção às consequências para esta idade das alterações fisiológicas e da perturbação emocional que criam esta perceção.

Além disso, a perceção dos pais é crucial para o desenvolvimento de atitudes e sentimentos positivos. Por conseguinte, a identificação precoce das percepções da imagem corporal dos rapazes adolescentes pode ajudar a prevenir sentimentos e atitudes negativos. Sugere-se que os profissionais que trabalham com rapazes adolescentes não se limitem a abordar os problemas de saúde, mas considerem também a influência da família e as diferenças culturais no desenvolvimento de comportamentos de promoção da saúde e de aceitação do corpo.

Os resultados deste estudo devem ser considerados à luz de certas limitações. Em primeiro lugar, o estudo foi realizado com 107 rapazes adolescentes e deve ser repetido com uma amostra populacional maior. Em segundo lugar, uma vez que toda a informação foi obtida a partir de auto-relatos dos adolescentes, os estudos futuros devem utilizar uma abordagem de múltiplos informantes que inclua a atitude e a perceção dos pais relativamente às suas relações com os filhos, bem como o clima do sistema escolar relativamente às variáveis de investigação (imagem corporal, relação pais-adolescentes, BES).

SECÇÃO 3:
DA TEORIA À PRÁTICA

CAPÍTULO 6: O MOVIMENTO E AS ACTIVIDADES ARTÍSTICAS COMO PONTE PARA A IMAGEM CORPORAL, O BEM-ESTAR SUBJECTIVO E A RELAÇÃO PAIS-ADOLESCENTES

O desenvolvimento de um sentido de consciência da imagem corporal, especialmente nos adolescentes, requer a utilização de ferramentas que quebrem as barreiras da conversa e encorajem um discurso aberto sobre o nosso corpo. Requer a criação de um ambiente seguro que motive a participação em debates sobre as percepções pessoais e a consciência da nossa imagem corporal, utilizando termos que não sejam susceptíveis de julgamento. A ferramenta intuitiva para esta tarefa deve ser o nosso corpo: A linguagem corporal é a nossa primeira linguagem. À medida que tomamos consciência dos sentidos, das caraterísticas e dos membros do nosso corpo, a nossa crescente compreensão dos sinais desta primeira linguagem permite-nos comunicar mais eficazmente. A utilização da linguagem corporal e do movimento é um dos métodos mais eficazes para criar consciência corporal e compreensão da imagem corporal. Os estudantes de educação e de serviço social não estão muitas vezes habituados a sessões de actividades de movimento. Tal como muitos de nós, não estão conscientes, pelo menos em certa medida, das implicações dos sinais corporais e são menos propensos a discutir esses sinais em frente de outros.

A compreensão e a consciência da nossa linguagem corporal requerem competências. A utilização de actividades de movimento permite que os participantes ganhem consciência de si próprios através do movimento. A implementação das actividades de movimento apresentadas abaixo é bastante simples, mas a sua prática pode produzir resultados significativos. As actividades dão aos participantes permissão para sentirem o seu corpo e reconhecerem o que estão a sentir. Ao aceitarem os seus sentimentos, os participantes são capazes de os trabalhar dentro dos limites seguros das actividades de movimento (Filer, 2006). Quando esta ferramenta é integrada na formação de estudantes de serviço social e educação, não só a sua consciência e compreensão aumentam, como também adquirem um método que podem implementar no terreno com os seus próprios estudantes e pacientes.

Sherborne (2001) defende que as actividades de movimento têm um efeito profundo no desenvolvimento social dos participantes e no enriquecimento do seu vocabulário de movimento. Estas actividades centram-se na tomada de consciência de si próprio através da identificação de sensações físicas. A auto-consciência, por sua vez, aumenta a autoestima e a auto-confiança. O desenvolvimento da consciência corporal é tão importante como o domínio do próprio corpo e a construção de relações com os outros através do movimento (Sherborne, 2001). De acordo com Sherborne (2001), através do movimento de desenvolvimento, os assistentes sociais e educadores podem cultivar a consciência física e aprender a adotar um estilo de interação sensível e recetivo com os outros. Mais especificamente, a atividade de movimento chama a atenção para a utilização da linguagem corporal, uma vez que o corpo reage a vários estímulos, como um sorriso, o movimento dos olhos ou os movimentos da cabeça, dos dedos e dos membros. Alguns destes movimentos são sincronizados e outros não. Os membros do corpo não sincronizados podem perturbar o equilíbrio corporal. Reconhecer estes diferentes sinais e responder-lhes aumenta a consciência do próprio corpo e dos seus sentimentos, o primeiro objetivo das actividades de movimento. O segundo objetivo é desenvolver a consciência dos outros. Isto envolve uma consciência do corpo no espaço, ou consciência espacial, e a forma como o corpo reage à mudança do espaço e aos outros participantes no espaço. A consciência dos outros promove a capacidade de ler a sua linguagem corporal, que revela pistas importantes sobre os seus sentimentos.

Apresenta-se aqui um guia do facilitador para quatro sessões de actividades de movimento implementadas pelos autores para estudantes de serviço social e educação como parte do seu estudo académico. As sessões utilizam o movimento para explorar os tópicos da imagem corporal, imagem corporal em relação ao espaço, consciência das partes do corpo e equilíbrio. Depois de experimentarem as actividades de movimento, os estudantes co-dirigiram as mesmas sessões com os autores para diferentes grupos etários (crianças do ensino básico, adolescentes e adultos) como parte de um estudo de investigação. Verificou-se que as actividades de movimento aumentaram a consciência dos participantes sobre as suposições que tinham sobre a sua imagem corporal. Conseguiram distinguir entre a auto-perceção e a forma como os outros os vêem. As sessões utilizam o movimento e as actividades artísticas como ponte entre a comunicação não-verbal e a verbal, permitindo a expressão e a exploração de pensamentos e sentimentos inconscientes trazidos à tona pelas actividades. A seguir aos guias do facilitador, encontra-se uma carta de uma estudante de serviço social que participou e que demonstra o impacto que a sessão de actividades de movimento teve sobre ela.

Guia do Facilitador

Na primeira secção é apresentada uma lista de sugestões relacionadas com observações e comunicações que são aplicáveis às quatro sessões de actividades de movimento. A seguir a estes comentários gerais, encontram-se os quatro planos de sessão, com a justificação, os objectivos, os materiais e uma descrição detalhada das actividades.

Observações

Duração da sessão. A duração de cada sessão é de 180 minutos. Os primeiros 90 minutos são dedicados à atividade de movimento. O tempo exato pode variar em função do tema e da discussão gerada. Os 90 minutos seguintes são dedicados a uma introdução à teoria relevante relacionada com o tópico da sessão e a um trabalho.

Orientação e antecipação. No início da primeira sessão, dedique alguns momentos a explicar aos participantes os objectivos de toda a série (ou de uma única sessão, se estiver a implementar apenas uma). Isto fará com que se sintam bem-vindos e mais confortáveis num novo ambiente.

Pausas periódicas. É provável que os participantes façam pausas nas actividades durante as sessões devido a desconforto emocional e depois voltem a juntar-se ao grupo. Certifique-se de que os participantes compreendem que é aceitável fazer uma pausa, mas peça-lhes que se comprometam a regressar ao grupo e a retomar o seu envolvimento logo que possível.

Limites. Ensinar estudantes universitários, assistentes sociais, educadores e terapeutas requer paciência e flexibilidade; no entanto, é importante que mantenha a turma concentrada e dentro do horário, tanto quanto possível.

Ensinar vs. tratar. Tenha em mente que, neste contexto, não se espera que avalie ou trate os participantes. Em vez disso, deve orientá-los ao longo da sessão e torná-los conscientes da sua linguagem corporal, encorajando-os a relacionarem-se com os seus sinais corporais e com os sinais corporais dos outros.

Atenção e adaptação individuais. Por muito desafiante que seja para si, enquanto professor, deve estar consciente das necessidades individuais de cada aluno do grupo. Uma vez que o desenvolvimento da consciência corporal varia, pode ser necessário ajustar uma atividade de acordo com a fase de desenvolvimento específica dos participantes.

Comunicações

Resposta de linguagem verbal. A atividade lúdica de movimento oferece uma oportunidade para a utilização da linguagem a todos os níveis através da consciência dos sinais corporais e das pistas cinestésicas. O professor pode acrescentar conceitos de comunicação relacionados com a consciência de emoções como a ansiedade, a frustração e a felicidade em resposta a várias actividades de movimento (individual, em parceria e em grupo). Discutir esses **sentimentos** em relação ao corpo cria consciência dos sentimentos quando aparecem, porque aparecem e como o corpo reage. Os participantes também devem ser encorajados a dizer porque é que se sentem como se sentem, com sensibilidade por parte do instrutor para os seus sentimentos.

Manter uma postura neutra. Muitas vezes, os participantes têm muitas perguntas sobre a ligação dos seus sinais corporais pessoais à sua experiência pessoal e podem pedir-lhe conselhos. Tente abster-se de dar uma explicação definitiva e de lhes dizer como devem agir, pois isso não é da sua responsabilidade. Se surgirem questões no seio do grupo, pode voltar a colocá-las ao grupo, dizendo: "Alguém pode partilhar a sua própria experiência com este assunto?" ou, a um aluno, dizendo: "O que achas? O que achas que é o melhor para ti?" Desta forma, promove o debate entre os participantes e aumenta a capacidade dos alunos para reflectirem sobre a sua própria experiência durante a atividade, mantendo uma posição neutra.

Sessão de Movimento 1: A imagem do corpo em relação ao espaço e aos outros

Objectivos do movimento:

- Melhorar a capacidade de executar movimentos de salto e de rolamento

- Estimular o sistema sensorial profundo através da criação de diferentes formas corporais (redondas, compridas)

- Desenvolver a consciência do próprio corpo

Justificação:

A imagem corporal é a perceção do corpo na nossa mente. É o resultado de todos os sentimentos e valores que temos em relação ao nosso corpo. Esta imagem é gradualmente moldada por experiências corporais objectivas e subjectivas. Os investigadores defendem que o comportamento motor e a atividade acompanhada de sucesso afectam positivamente a formação da imagem corporal (Galor & Lanzer, 1982; Haywood, 1993; Magill, 1986). Herman (1983) apresenta um resultado adicional e benéfico que enfatiza a ligação entre competências e capacidades cognitivas. As crianças e os adultos com uma imagem corporal positiva, e aqueles que estão confiantes nas suas capacidades motoras, têm mais probabilidades de lidar bem com tarefas que exigem esforço físico e mental e que colocam novos desafios de movimento. Os primeiros anos de vida são críticos em termos de formação da consciência e da imagem corporal. Durante esses anos, as crianças agem no seu corpo e com o seu corpo, com a ajuda dos sentidos e do movimento. Essas actividades criam uma consciência corporal que afectará a sua imagem corporal.

As dificuldades de perceção espacial manifestam-se pela dificuldade em controlar o corpo, em conhecer a sua localização no espaço, em compreender qual o membro que conduz e qual o membro que é conduzido, e pela dificuldade em compreender conceitos como distância e direção (Galor & Lanzer, 1982). O espaço pessoal é a área imediata que rodeia o corpo, cujas fronteiras são determinadas pela distância que o indivíduo pode alcançar estendendo os braços e as pernas em todas as direcções possíveis, enquanto está parado. Os indivíduos com uma perceção mais realista dos limites do seu corpo funcionarão melhor ao cuidar da sua própria segurança e bem-estar, manipulando corretamente os objectos e relacionando-se fisicamente com outras pessoas. O reconhecimento das particularidades do espaço pessoal serve de ponto de partida para o reconhecimento e a compreensão do espaço geral. Gooperstein (2004) definiu "espaço geral" como todo o espaço existente para além do espaço pessoal. Quando os indivíduos se deslocam em direção ao espaço geral, levam consigo o seu espaço pessoal para um espaço mais amplo. A exploração pode ajudar a distinguir entre o espaço pessoal e o espaço geral. O desenvolvimento da perceção espacial dá-nos uma sensação de controlo sobre o que nos rodeia e sobre o nosso corpo.

Materiais: Balões e 3 instrumentos de percussão contrastantes (apito de cisne, carrilhão, maracas)

Estímulo opcional: Álbum de R & B "Mattress Music" de Marques Houston

PONTOS DE ENSINO	ACTIVIDADES
Notas: Utilizar um balão para clarificar os temas dos movimentos, depois pô-lo de lado e ver quem consegue seguir a série de movimentos com o seu corpo. O professor assistente deve apitar para enfatizar que o balão está a ficar maior.	**INTRODUÇÃO:** • Observar o balão - o que é que ele faz (enche - fica maior, solta - encolhe). • Observar o balão - atirá-lo para o chão de modo a que salte - role - assente (estrutura básica).
Dobrar, esticar, torcer; ênfase na união e depois na manutenção da relação numa área mais vasta e a diferentes alturas. *Notas:* Facilitar, propondo perguntas de reflexão: 1. Conseguiste sincronizar os movimentos do teu corpo com o balão? 2. Conseguiram cooperar e trabalhar em conjunto? (O facilitador deve registar as distâncias físicas entre os participantes e levantar a questão). Qual é a razão da proximidade ou da distância?	**ACTIVIDADES DE AQUECIMENTO:** • Enrole-se e abra as mãos enquanto o balão enche, sacuda-o enquanto o balão encolhe. • Enrolar os dedos dos pés, abrir para fora (como acima). • Fazer um som forte com as mãos e os pés no chão quando o balão se expande. • Sentado: enrolar, abrir, sacudir. • Agachamento: todos se enroscam, abrem-se para expandir o círculo, todos dão as mãos para fazer uma forma de balão gigante.

- Individualmente, enrolam-se em pequenos cachos e depois crescem em forma de balão (redondo? comprido e fino?).

- De pé: tentar pequenos saltos.

O movimento torna-se mais individualizado; equilibrar o peso em diferentes partes do corpo; experiências contrastantes de deslocação/paragem (de acordo com o tema do movimento); trabalhar do chão para cima até ao possível voo, encorajar a variedade (diferentes direcções, velocidades, níveis, percursos); incentivar o controlo, a postura, a elevação, a forma; celebrar e imitar ideias uns dos outros.

Notas: Ter em atenção a saúde e a segurança ao levantar e transportar "balões redondos":

- Repara na diferença quando te moves com e sem o balão.

- Em que posição se sente mais confortável?

- Alargar, encorajando a leveza dos passos saltitantes e elásticos.

ACTIVIDADES DE DESENVOLVIMENTO:

- Enrolar bem apertado numa forma redonda - o professor levanta o balão - transportar para um espaço na sala.

- De cócoras (balão redondo): saltar pela sala, experimentar diferentes direcções, diferentes tipos de saltos (saltos explosivos, saltos minúsculos).

- Em pé (balão longo e fino): saltar ligeiramente, mantendo a forma.

Vê os outros membros do grupo enquanto se desloca?

Consegue preservar o seu espaço individual?

- Pegar no balão: viajar pela sala mantendo o balão equilibrado no braço; tentar equilibrar-se numa parte diferente do corpo (barriga).

Alargar as possibilidades de movimento de acordo com as necessidades do grupo; experiências de movimento em pares e, eventualmente, em pequenos grupos (3s, 4s); desenvolver a confiança, a estabilidade, o espírito positivo de cuidado. Notas: • Prolongar, realçando o rolar controlado, suave e fluente • Alargar a sensibilização para a manutenção da forma do corpo (redondo ou magro e comprido) • Trocar de lugar durante as actividades a pares, para que todos tenham a sua vez • Como é que efectuaram a troca - por acordo verbal? Sinais físicos? • A criança com necessidades adicionais deve ser acompanhada por um adulto durante as actividades de pares • Quem lidera? • Como é que decidiram?	• Atirar o balão para o ar - bater palmas - apanhar; repetir: atirar para o ar - bater palmas - tocar no chão - apanhar; repetir: atirar para o ar - bater palmas - dar a volta - tocar no chão - apanhar. • Em 2s: A é um balão redondo, B é um balão comprido e fino - encontrem uma forma de saltarem juntos. • Em 2s: A como uma abóbada humana, B apoiado em A com as mãos, praticar pequenos saltos. • Em 2s: A assume uma posição firme de pé, estende os antebraços com as palmas das mãos para cima para apoiar B que se apoia nos braços de A - B pratica saltos. • Em 2s: A enrola-se como balão redondo - B "brinca" com A como balão (rola, roda); troca, B como balão fino.  • Em 2s: fazer um duplo rolo, mantendo a forma dos respectivos balões. • Em 2s: pegue num balão verdadeiro - A & B encontram uma forma de viajar à volta da sala, mantendo o balão entre eles.

Desenvolver a experiência de movimentos sequenciais (por exemplo, correr, saltar, rolar); consciência da qualidade. Possibilidade de trabalho colaborativo a 2, 3 ou 4. Possibilidade de apresentação da sequência à turma. Notas: • Ajuda ao professor Estrutura ABC com 3 secções contrastantes (cada uma com um acompanhamento de percussão diferente: apito de cisne - sinos - maracas). • Realizar metade da aula de cada vez, As e Bs: observar o parceiro. • Que forma tem o balão? Mantêm a forma do balão?	SELECCIONAR E CRIAR: • Sequência individual de 3 acções distintas (estrutura ABC). • (começar bem enrolado) crescer - saltar - rolar - (assentar, mantendo a forma). • Manter a forma do balão durante toda a sequência.
Terminar com uma experiência em parceria ou em grupo; ênfase na calma, no relaxamento, na quietude. Notas: Ter em atenção a saúde e a segurança, para que ninguém seja esmagado. Procure uma respiração lenta e profunda, com os olhos fechados, consciente do calor dos corpos. Como é que a proximidade dos outros o afecta? Confortável? Desconfortável? Porquê? Tente relacionar os sentimentos que teve durante a atividade com experiências passadas semelhantes com o seu parceiro de vida, irmãos, etc. A experiência foi diferente quando estava com	ACTIVIDADES DE ARREFECIMENTO: Faça uma pilha humana de balões "gastos": abra-os numa forma longa e flexível, professor para fazer deslizar cada balão "gasto" de modo a que juntos formem uma pilha.

alguém familiar/não familiar?

Sessão de movimento 2: Consciência das partes do corpo

Objectivos do movimento:

- Aumentar a sensibilização para os joelhos
- Sensibilizar para as partes do corpo que suportam peso

Fundamentação: Ver sessão 1

Materiais: música

PONTOS DE ENSINO	ACTIVIDADES
Notas: Dar ênfase aos joelhos ao longo destas actividades e à sua utilização no auxílio à propulsão.	INTRODUÇÃO: • Sentar-se em círculo, brincar à perseguição enquanto se senta em baixo ('5 para fugir, depois tentamos apanhar...'). • Repetir, e depois tentar ainda de barriga para baixo, mas sem dobrar os joelhos! • Reúna o grupo em círculo e diga-lhe que nos vamos concentrar na forma como os joelhos nos ajudam a mover.
Dobrar, esticar, torcer; ênfase na união e depois na manutenção da relação numa área mais vasta e a diferentes alturas. *Notas:* • Salientar as oportunidades de dobrar, esticar e	ACTIVIDADES DE AQUECIMENTO: • Dar palmadinhas nos joelhos (joelhos barulhentos), fazer cócegas nos joelhos, joelhos que desaparecem (diferentes formas de empurrar/soprar/afastar).

torcer.

- Incentivar os contrastes em formas corporais grandes/enroladas, com os joelhos a liderar a forma.

- Consegues manter o equilíbrio?

- Como é que se sentiu no círculo? Intimidado? Descontraído? Seguro? Stressado?

- Joelhos para cima, disparar.

- Balançar de um lado para o outro, colocar o peso nas mãos, levantar os joelhos - tocar no chão ao longo do corpo.

- Entrar e sair do círculo até à extremidade da sala, usando os joelhos, no rabo e depois na barriga - os joelhos ajudam a mexer-se).

- Sentar-se com os joelhos dobrados - girar-cair-sentar-se.

- Passar para a posição ajoelhada - girar-cair-sentar-se.

O movimento torna-se mais individualizado; deslocação do peso para diferentes partes do corpo; experiências contrastantes de deslocação e de imobilidade (de acordo com o tema do movimento). Trabalhar do chão para cima até ao possível voo, encorajar a variedade (diferentes direcções, velocidades, níveis, percursos).

Incentivar o controlo, a postura, a elevação, a forma, a celebração e a imitação de ideias uns dos outros.

Notas:

- Esbarraram um no outro ou estavam conscientes?

- Elogiar a inventividade - imitar as ideias uns dos outros, pedir a um voluntário que as demonstre.

ACTIVIDADES DE DESENVOLVIMENTO:

- Viajar de joelhos pela sala de diferentes maneiras - por exemplo, deslizar de joelhos, girar de joelhos, mãos e joelhos - gatinhar (as mãos ajudam e depois não ajudam).

- Rolar - joelhos para liderar o rolamento.

- Crescer as "perninhas" - gingar, saltar, mãos nos joelhos.

- Cultivar "pernas afastadas" - joelhos dobrados (circular pela sala, cumprimentar-se tocando nos joelhos, dizer "joelhos" em vez de olá!)

- Crescer joelhos altos - ensinar as pernas a andar (dobrar os joelhos!).

• Tentar direcções diferentes, caminhos. Alargar as possibilidades de movimento de acordo com as necessidades do grupo. Experiências de movimento a pares e, eventualmente, em pequenos grupos (3s, 4s). Desenvolver a confiança, a estabilidade e um espírito positivo de cuidado. *Notas: Considera-o fácil ou difícil? Que tipo de emoção cria?* • para ser embalado entre 2 pares responsáveis ou entre um adulto e um par. • Quais foram as diferentes respostas dos participantes? Quem se sentiu confortável? Alguém no grupo notou o desconforto de outro participante? Quais foram os sinais?	• Pernas de gelatina - mover os joelhos sem controlo. • Pernas rígidas - mover-se sem joelhos. • Joelhos colados. • Passeios tontos - joelhos a guiá-lo, movendo-se em diferentes níveis, direcções.  • Marchar, passar a trote - joelhos altos. • Galope e depois salte - joelhos para carregar, cotovelos para ajudar a saltar. Em 2s: • A: salto em altura, B: salto em altura. • A enrola-se, B salta, salta e rola. Em 3s: • A & B ajudam C a saltar - enfatizar os joelhos dobrados para cima - levar para a frente. • A e B embalam C (enrolado) entre si. • A e B abrem C numa forma grande (joelhos direitos) - encontrar uma forma de deslocar C para outra parte da sala.
Desenvolver a experiência de movimentos sequenciais (por exemplo, correr, saltar, rolar); consciência da qualidade. Possível trabalho colaborativo a pares, a 3 ou a 4. Possibilidade de apresentação da sequência à turma.	**SELECCIONAR E CRIAR:** • Escolha 3 formas favoritas de se movimentar de joelhos - sequência. • Em 2s, mostre ao parceiro as suas 3 formas favoritas de se movimentar de joelhos.

Notas: • Peça-lhes que executem as suas 3 formas favoritas com o acompanhamento do professor (mudanças distintas de percussão - vocal ou instrumentos). • Negociaram uma sequência em pares?	• Escolher 1 de cada pessoa, combinar 3rd - para formar uma nova sequência (negociar a forma de atuação: lado a lado, frente a frente, afastando-se). • Executar a sequência com uma posição clara de partida e chegada. • Questionar o público sobre a eficácia dos movimentos - convidar à apresentação de comentários.
Terminar com uma experiência em parceria ou em grupo; ênfase na calma, no relaxamento, na quietude. *Notas:* • Até que ponto se sentem vulneráveis? • Quem sentiu que o facilitador estava a passar por cima de si? Como/como é que foi? • Quem se sentiu stressado, relaxado, seguro, tenso? Quais foram os sinais corporais?	**ACTIVIDADES DE ARREFECIMENTO:** • Todos se deitam num espaço, estendidos em forma de estrela, de costas, com os olhos fechados, se possível. • O professor deve passar por cima dos corpos, dando ênfase à elevação dos joelhos e à colocação ligeira dos pés. • Professor para iniciar uma corrida - saltar sobre os corpos, aterrar ligeiramente, dobrar os joelhos. • Trocar de lugar com o "parceiro" (dar um passo e/ou saltar - usar os joelhos para se elevar e aterrar ligeiramente). Todos deitados, com o corpo em contacto com o chão e os joelhos direitos.

Sessão de Movimento 3: Consciência dos Joelhos - Equilíbrio / Desequilíbrio

Objectivos do movimento:

• Desenvolver a consciência dos joelhos

• Compreender o equilíbrio - o estado de ter o seu peso distribuído de forma igual para não cair

• Compreender o desequilíbrio - o estado de ter o seu peso distribuído de forma desigual, fazendo com que se incline ou caia

• Compreender a relação entre o equilíbrio e o estado emocional

Justificação:

O equilíbrio é a condição que a maioria dos investigadores do movimento entende como a componente de movimento do "peso", de acordo com diferentes perspectivas complementares. Joyce (1994) defende que o desempenho de um movimento muda de acordo com as diferenças nas componentes do peso. Estas alterações dependem de um certo número de aspectos: acesso (suave ou agudo), peso (pesado ou leve), ação (rigorosa ou relaxada) e fluxo (fluxo livre e equilíbrio). Por outro lado, Herman (1983) defende que o equilíbrio é um dos componentes do peso afetado pelo reconhecimento interior do corpo e do seu funcionamento. O equilíbrio requer a coordenação entre os dois lados do corpo e a seleção de um lado dominante. Além disso, o equilíbrio afecta o desempenho de diferentes capacidades na nossa vida quotidiana. Brehm e Kampfe (1997) verificaram que o elemento peso influenciava o desenvolvimento das competências interpessoais. Duas qualidades de peso servem o indivíduo como expressões de presença, declarações de intenção e consolidação de posições. É importante notar aqui que o peso "forte" e "leve" não se relacionam com o peso corporal de uma pessoa específica, mas com a consciência corporal do indivíduo e a coordenação das partes do corpo. A ativação da força permite seriedade, firmeza e autoridade, enquanto o peso "leve" permite simplicidade, humor e capacidade de recuperação. Estas duas qualidades são referências activas ao fator peso que cria o equilíbrio e a paridade; em cada qualidade, a pessoa que se movimenta, conscientemente e com autocontrolo, reúne o seu peso corporal para lidar com a fonte de peso no ambiente externo.

Materiais: jornais

Estímulo: música

PONTOS DE ENSINO	ACTIVIDADES
	INTRODUÇÃO: • Sentem-se em círculo e olhem para uma pilha de jornais.
Ênfase no equilíbrio na posição sentada, em posição estática e em movimento, base de apoio estreita e base de apoio larga.	• Cada um, por sua vez, move-se em direção à pilha (encontre formas diferentes de se mover).
A tónica é colocada na união e na manutenção da relação numa área mais vasta e a diferentes alturas. *Notas:* • Salientar as oportunidades para diferentes bases de apoio (o papel é pequeno e é difícil ficar de pé sobre ele. • Perguntar quem gostaria de fazer uma	**ACTIVIDADES DE AQUECIMENTO:** • Atividade com jornais: os jornais estão espalhados pelo chão da sala. Deslocam-se pelos jornais e aguardam instruções para olhar para uma determinada página. • Ao som da música, mexe-te. Quando a música parar, dobra o papel com as pernas.

demonstração e escolher um participante que levante a mão. Pedir à criança que demonstre e explique como consegue manter o equilíbrio. • Quem tem dificuldades? • O que é que quer dizer com "perder o equilíbrio"? • Ajudar a concetualizar o equilíbrio e o desequilíbrio.	• Continue e volte a dobrar o papel. Agora, passe de um papel para outro. • Quem consegue manter-se de pé sem cair?
Transferência de peso para diferentes partes do corpo; experiências contrastantes de deslocação/paragem (de acordo com o tema do movimento); imitar ideias uns dos outros. Comparar e verbalizar. *Notas:* • A ênfase é colocada em pedir aos participantes que descrevam o que está a acontecer: em quantos membros se está a apoiar o participante ao seu lado? • Tentar direcções diferentes, caminhos. Alargar as possibilidades de movimento de acordo com a experiência do grupo. Experiências de movimento a pares e, eventualmente, em pequenos grupos (3s, 4s) *Notas:* • Explicar as posições dos membros e a distância entre eles (perto/estreito ou longe/largo). • Concentrar-se nos diferentes percursos escolhidos pelos participantes e no esforço necessário para manter o equilíbrio. • Peça aos participantes que digam se a base de apoio é estreita ou larga e se o participante conseguiu ou não manter o equilíbrio. • Em que outra situação da vida se sente	**ACTIVIDADES DE DESENVOLVIMENTO**: • Deslocar-se no espaço com música rítmica. Quando a música pára, fica na posição que quiseres. • Em quantos membros se encontra? • Peça a um participante para contar e dizer os nomes dos membros. Como é que os membros o ajudaram? • Mover-se no espaço. Quando a música pára, tenta parar noutras partes do corpo. • Identifique um participante que esteja a apoiar-se numa base de apoio larga (por exemplo, 2 pernas e 2 mãos ou 1 perna e 2 mãos) e peça a um participante próximo para identificar e nomear as bases de apoio. • Identificar um participante que esteja numa base de apoio estreita (por exemplo, numa perna ou nas mãos) e pedir a um participante próximo para identificar e nomear as bases de apoio. • Peça ao participante que entregue o papel de demonstração a outro participante e repita o processo. • Deslocar-se em diferentes percursos de acordo com a sua escolha pessoal. • Tentar andar sobre as mãos e os pés, levantar

desequilibrado? • Peça a um par que demonstre o exercício da estátua e explique o que aconteceu (equilíbrio ou desequilíbrio).	um membro e mexer-se. • Levantar outro membro. O corpo continua em equilíbrio? Encontrar mais formas de equilibrar o corpo em quatro bases de apoio. • Tente apoiar-se tanto numa base de apoio estreita como numa base de apoio larga. • Encontra diferentes formas de equilibrar o corpo num membro para além dos braços e das pernas. Em que membros conseguiste ficar de pé? • Em pares: uma criança faz uma estátua. A outra deve tentar empurrá-la ligeiramente, o que aconteceu (trocar de papéis)?
Terminar com uma experiência em parceria ou em grupo; ênfase na calma, na verbalização e no resumo. Em que outras disciplinas utilizamos o conceito de equilíbrio/ desequilíbrio?	**ACTIVIDADES DE ARREFECIMENTO:** • Sentados em círculo, como é que sabemos que estamos num estado de equilíbrio? • Peça a uma pessoa que faça uma demonstração para o grupo. • Pode dar exemplos de quando estava equilibrado e de quando era mais difícil estar equilibrado? • Em que situações é que temos de manter o equilíbrio? • Para concluir, dê a seguinte tarefa de aprendizagem: dividir um papel em dois. Desenhar e/ou escrever sobre um estado de desequilíbrio num lado e um estado de equilíbrio no outro.

Sessão de movimento 4: Imagem corporal

Objectivos do movimento:

• Melhorar a consciência do espaço e a compreensão do espaço pessoal

• Desenvolver a consciência do corpo, da imagem corporal e do esquema corporal

• Compreender o efeito do espaço pessoal e da perceção do meio envolvente na imagem corporal pessoal

Justificação:

A imagem corporal é composta pelo conjunto de percepções e opiniões sobre vários aspectos do corpo: tamanho do corpo, aparência exterior, contorno do corpo, membros do corpo e outros (Becker, 1995). Em muitos casos, existe um conflito entre a forma como os indivíduos se vêem a si próprios e a forma como gostariam de se ver, e entre a sua aparência e a forma como se sentem em relação ao seu corpo (Tamir, 2011). Muitos investigadores distinguem entre duas componentes centrais da imagem corporal, a concetual e a emocional (Te'omim, 2006). A componente emocional está relacionada com os sentimentos e as cognições que os indivíduos têm em relação ao seu corpo e à sua aparência exterior (Garner & Garfinkel, 1982), incluindo a satisfação com vários comportamentos relacionados com o corpo. Em contrapartida, a componente concetual está relacionada com a forma como os indivíduos percepcionam o tamanho do seu corpo, as suas partes e a proporção entre elas.

Nesta sessão, a atividade de movimento central, destinada a desenvolver a consciência do esquema corporal, desenvolve-se gradualmente. Em primeiro lugar, os participantes desenham com os dedos os contornos do seu corpo e do corpo do seu parceiro e, em seguida, criam contornos rasgando jornais. Os participantes experimentam uma atividade durante a qual a interação com o material escolhido (jornal), em contraste com o papel branco simples, ajuda a esbater as linhas do corpo devido à escrita e às imagens no papel. A utilização do jornal permite um diálogo indireto sobre o tema da imagem corporal devido ao enfoque no material e no movimento e não diretamente na imagem corporal. A atividade convida os participantes a observar as suas percepções dos contornos do seu corpo, um esquema que por vezes não corresponde à realidade. Os participantes são convidados a identificar as suas percepções e opiniões sobre a sua imagem corporal expressas pelos contornos que criaram através do desenho, do movimento e do jornal. O diálogo entre os parceiros permite um confronto delicado e sensível entre a realidade e o desejado, utilizando o esquema de cada participante.

Materiais: jornal, música

PONTOS DE ENSINO	ACTIVIDADES
	INTRODUÇÃO: • Sentar-se em círculo, brincar à perseguição enquanto se senta em cima do rabo ('5 para fugir, depois tentamos apanhar...'). • Reúna o grupo em círculo e diga-lhe que nos

	vamos concentrar na perceção.
Dobrar, esticar, torcer; ênfase na união e depois na manutenção da relação numa área mais vasta e a diferentes alturas. *Notas:* • Salientar as oportunidades de colocar partes do corpo em várias posições. • Salientar as oportunidades de mudança de direção. • Salientar as oportunidades de alterar a velocidade.	**ACTIVIDADES DE AQUECIMENTO:** Atividade com jornais: • Os jornais estão espalhados pelo chão da sala. Os participantes devem deslocar-se entre os jornais e aguardar instruções para ver uma determinada página. • Ao som de uma música, mexam-se. Quando a música parar, coloque uma parte do seu corpo sobre o jornal (mão, braço...). • Desloque-se enquanto o jornal está apoiado numa parte do seu corpo. • Avançar e dobrar o papel. • Agora, passe de um papel para outro. • Quem consegue manter-se de pé sem cair? • Abra o jornal dobrado e veja que tipo de linha foi criada?
Notas: Imagine que tem um espelho à sua frente. Incentivar a explicação das diferentes sensações de desenhar com várias partes do corpo. Quais são as limitações de cada parte do corpo? Este conjunto de actividades é importante para melhorar a compreensão das capacidades do corpo (consciência), o que muda quando utilizamos diferentes membros no espaço e o que acontece quando a velocidade e o ritmo do nosso corpo mudam.	**ACTIVIDADES DE DESENVOLVIMENTO:** • Escolhe uma das linhas que foi criada a partir da dobragem do papel. • Tente desenhar esta linha com a sua mão numa posição posada. • Tente desenhar a linha com o seu dedo à frente do seu corpo. • Tente traçar a linha com o seu cotovelo. • Percorra a sala e tente desenhar a linha com o dedo à frente do seu corpo. • Percorra a sala e tente traçar a linha com o seu cotovelo.
Notas: Considera-o fácil ou difícil? Que tipo de emoção gera? • O esquema corporal que desenhaste à tua frente é igual ou diferente do esquema que desenhaste no teto? • Porquê? É o mesmo esquema corporal? Qual	• Levante a mão direita em direção à parede à sua frente e desenhe (no ar) o contorno do seu

deles se sentiu mais confortável? • Alguém no grupo notou o desconforto de outro participante? Quais foram os sinais?	corpo. • Agora, desenhe o contorno do seu corpo no teto.
Notas: • Tome nota se os contornos são iguais ou diferentes. • Discuta as semelhanças e diferenças, tanto a nível de atitudes como de percepções. • O esquema corporal que o nosso parceiro desenhou é o mesmo que o nosso?	**SELECCIONAR E CRIAR:** • Escolher um parceiro. • Com os dedos, cada parceiro desenha o contorno do corpo do outro. • Discutir as semelhanças e as diferenças entre os esboços. • Continuar a trabalhar com um parceiro. • Cada participante cria agora o seu próprio esquema corporal, rasgando um jornal com as mãos.
Terminar com uma experiência em parceria ou em grupo; ênfase na calma, no relaxamento, na quietude. *Notas:* Escreva num papel as diferenças que o seu parceiro notou entre o esquema corporal que criou (de si próprio) e o seu esquema corporal real.	**ACTIVIDADES DE ARREFECIMENTO:** • Discutir as semelhanças e diferenças dos esquemas corporais, o que é diferente? Que partes são diferentes?

Durante a sessão que decorreu numa aula de trabalho social, todos os alunos, exceto um, estavam completamente absorvidos nas actividades, reflectindo e partilhando. Uma aluna optou por observar e juntou-se lentamente às actividades da sessão. Depois da sessão, aproximou-se de mim e partilhou que tinha tido uma experiência muito significativa mas perturbadora. À noite, recebi este e-mail dela:

Cara Ofra,

.... Sou uma aluna da sua turma de Serviço Social. Queria escrever-vos algumas coisas. Em primeiro lugar, obrigado por este curso que nos permite desligar por um momento da ciência, da lógica e do senso comum dos académicos; é muito bem-vindo. Em segundo lugar, gostaria de partilhar os meus sentimentos após a aula. Durante a maior parte do dia, a partir do momento em que a aula terminou, senti-me muito desligado de mim próprio e com uma energia muito, muito limitada e baixa. Aparentemente, este foco tem muita influência em mim. Há muito tempo que tento lutar contra o meu corpo e não me

ligar, porque quando me ligo, vêm ao de cima uma série de coisas subconscientes que eu pensava que tinham desaparecido há muito tempo e que já estavam tratadas, e descubro que ainda não acabaram. A ligação ao meu corpo é muito debilitante, por isso prefiro sempre escolher a desconexão. Ajuda-me a ter mais controlo, a fazer as coisas, a agir mais rapidamente e com mais energia. Estou habituada a funcionar no automático a maior parte da minha vida e a fazer as coisas muito bem e de forma minuciosa, e quando me ligo ao corpo, sinto a desconexão em toda a sua força, este pairar, e um caminhar sobre a terra como se estivesse a caminhar em solo transparente, não me sinto estável.

Acredito muito no tratamento relacionado com a ligação ao corpo; tenho sempre receio de fazer este tipo de exercícios numa turma grande ou em grandes workshops (como nos festivais) porque é menos íntimo e, quando não tenho a sensação de intimidade, perco-me no meu próprio corpo e sinto-me muito mal. Talvez por ter feito este exercício atual com K., em quem confio realmente, tenha conseguido estabelecer uma ligação. De qualquer modo, apreciei a lição e fiquei contente por ter tido a experiência, embora agora esteja a sentir muita confusão e dificuldade. Mas isso também faz parte da vida.

Espero continuar a participar nas próximas sessões, acho que foi a primeira sessão em que me permiti realmente experimentar os exercícios que nos pedem para fazer. Talvez para os outros seja fácil, divertido e agradável, mas para mim, algures, é um pouco doloroso e por isso tive medo. Por isso, obrigada, até o sofrimento é algo positivo.

OBSERVAÇÕES FINAIS

A investigação citada e os estudos apresentados neste volume sublinham tanto a importância dos factores psicológico-emocionais no desenvolvimento da imagem corporal, como a sua influência nas relações íntimas e na ansiedade geral decorrente da imagem corporal para ambos os sexos. A imagem corporal negativa está correlacionada com relações menos seguras e com o medo da vinculação, enquanto a imagem corporal positiva está ligada a relações seguras. Os investigadores demonstraram que a vinculação na infância começa com a pessoa que cuida do bebé. O tipo de vinculação formado influencia tanto a imagem corporal como o bem-estar subjetivo dos adolescentes. No final da adolescência e na idade adulta, esta vinculação desloca-se para o parceiro íntimo, que proporciona amizade e partilha experiências de vida. A criação de uma relação íntima, ou amor romântico, é descrita como um processo de vinculação semelhante ao vivido com a pessoa que cuida de si na infância.

O desenvolvimento da imagem corporal é um aspeto integral do desenvolvimento pessoal; começa na primeira infância e continua durante a adolescência e em fases posteriores do desenvolvimento. É uma parte inseparável de numerosas experiências da vida quotidiana. A imagem corporal está também claramente sujeita a influências externas, como os meios de comunicação social, as comunicações, os modelos da indústria da moda e os critérios de beleza ideal que exigem magreza para as mulheres e uma constituição musculada para os homens. A crescente consciencialização a nível internacional da influência da imagem corporal no bem-estar subjetivo levou a encontros entre investigadores de diferentes áreas, criando uma interface entre a educação e o trabalho social. A compreensão de que a imagem corporal é formada nos primeiros anos de vida da criança, no seio da unidade familiar, e continua a ser moldada por influências externas nos hábitos comportamentais, incluindo as do sistema educativo e dos encontros com os pares, motivou-nos a compreender os factores que geram a preocupação com a imagem corporal e os seus desdobramentos. Os estudos que realizámos sobre a relação entre a imagem corporal e o bem-estar subjetivo pessoal e o contributo da relação pais-filhos para a compreensão da correlação entre ambos, demonstraram a importância da relação pais-filhos no desenvolvimento da imagem corporal positiva ou negativa. É evidente a necessidade do envolvimento dos pais e de abordagens de intervenção multissistémicas para sensibilizar as autoridades competentes para a identificação do fenómeno, dos seus componentes e do desenvolvimento de possíveis soluções baseadas na investigação.

Os estudos apresentados neste volume centram-se em dois temas da imagem corporal dos adolescentes que, até à data, não mereceram atenção suficiente na literatura. O primeiro é o da influência da relação entre mãe e filha nas jovens adolescentes. O estudo examinou a influência da relação mãe-filha a partir das perceções tanto das mães como das filhas. Aprendemos que a perceção positiva das filhas sobre a sua relação com a mãe aumentava o bem-estar da filha, mesmo quando esta se sentia mal em relação ao seu corpo. Estes resultados realçam a importância da relação mãe-filha e do apoio emocional da mãe na formação de uma imagem corporal positiva para a filha.

A segunda área examinada foi o papel da relação pais-adolescente na formação de uma imagem corporal positiva para rapazes adolescentes. O estudo deu um contributo único para o conjunto relativamente pequeno de conhecimentos relativos aos rapazes. Também replicou os testes dos diferentes componentes da imagem corporal, a fim de determinar o seu contributo para a formação da imagem corporal dos adolescentes e a sua influência na perceção do BES. Os resultados sublinharam a importância da relação pais-adolescente na formação de uma imagem corporal positiva, expressa por sentimentos e atitudes e pelo BES. Indicaram também que a perceção que os rapazes têm da sua imagem corporal afecta significativamente a sua sensação de bem-estar. Além disso, os resultados demonstraram a importância do fator BIS - *sentimentos e atitudes* em relação à imagem corporal - sobre os outros três factores BIS *(cuidados com o corpo, proteção do corpo* e *conforto no toque).*

Com base na investigação, concluímos que os adolescentes criados num ambiente familiar de apoio interiorizam crenças positivas relativamente às suas mudanças corporais, o que pode, por sua vez, levar a uma maior satisfação corporal e a um maior bem-estar subjetivo. É fundamental desenvolver programas que ensinem aos pais as várias maneiras pelas quais eles influenciam a imagem corporal de seus filhos. Além disso, esses programas devem enfatizar a importância de permanecerem envolvidos na vida dos seus filhos adolescentes, a fim de evitarem desenvolvimentos negativos prejudiciais à medida que estes passam por este período stressante. Especificamente, há necessidade de desenvolver técnicas de comunicação variadas que permitam a discussão e a transferência de ideias relativamente a estes conceitos. O objetivo é construir relações de apoio entre pais e adolescentes, prevenir o negativismo e aumentar o bem-estar subjetivo.

Além disso, embora alguns sistemas escolares ensinem questões relacionadas com a imagem corporal, continua a haver uma grande necessidade de desenvolver programas educativos sobre uma variedade de tópicos (educação sexual, comportamentos de risco e inseguros) que possam ser integrados no currículo a diferentes níveis. Além disso, podem ser desenvolvidas ferramentas para além das medidas objectivas (IMC calculado pela altura e pelo peso) que meçam a perceção que as raparigas e os rapazes adolescentes têm da sua imagem corporal e da sua relação com os pais. Os resultados podem ser utilizados para a identificação e intervenção precoces que podem evitar a deterioração dos adolescentes que sofrem de imagem corporal negativa e bem-estar subjetivo.

Referências

Ainsworth, M. D. S., Blehar, M. C., Waters, E., & Wall, S. (2014). Padrões de apego: Um estudo psicológico da situação estranha. New York: Psychology Press.

Al-Yagon, M. (2012). Subtipos de segurança de apego em crianças em idade escolar com dificuldades de aprendizagem. *Learning Disability Quarterly, 55*(3), 170-183.

Andrews, F. M., & Robinson, J. P. (1991). *Measures of subjective well-being.* San Diego: Academic Press.

Annis, N. M., Cash, T. F., & Theriault, J. (2004). Imagem corporal num contexto interpessoal: Adult Attachment, Fear of Intimacy, and Social Anxiety. *Journal of Social and Clinical Psychology, 23(1),* 89-103.

Antaramian, S. P., Huebner, E. S., & Valois, R. F. (2008). Adolescent life satisfaction. *Applied Psychology, 57*(s1), 112-126.

Armsden, G. C., & Greenberg, M. T. (1987). The inventory of parent and peer attachment: Individual differences and their relationship to psychological well-being in adolescence. *Journal of Youth and Adolescence, 16(5),* 427-454.

Asher, J. M. (1992). *Ha'psichologia shel guf ha'isha* [A psicologia do corpo feminino]. Kiryat Bialik: Editora Ach.

Attie, I., & Brooks-Gunn, J. (1989). Desenvolvimento de problemas alimentares em raparigas adolescentes: Um estudo longitudinal. *Developmental Psychology, 25,* 70-79.

Austin, E. J., Evans, P., Goldwater, R., & Potter, V. (2005). A preliminary study of emotional intelligence, empathy and exam performance in first year medical students. *Personality and Individual Differences, 39,* 1395-1405.

Axford, N., Jodrell, D., & Hobbs, T. (2014). Bem-estar objetivo ou subjetivo. Em A. Ben-Arieh, F. Casas, I. Frones, & J. E. Korbin (Eds.), *Handbook of child well-being* (pp. 2699-2737). Springer, Springer Science+Business Media Dordrecht, Países Baixos.

Baljatescu, S. (2006). Resultados comparativos e propriedades psicométricas do índice de bem-estar pessoal - Roménia (versões antiga e nova) com uma amostra de adolescentes - uma análise preliminar.

Barker, E. T., & Galambos, N. L. (2003). Body dissatisfaction of adolescent girls and boys: Risk and resource factors. *The Journal of Early Adolescence, 23*(2), 141-165.

Bart O., Bar-Haim Y., Weizman E., Levin M., et al. (2009). O tratamento do equilíbrio melhora a ansiedade e aumenta a autoestima em crianças com ansiedade e perturbação do equilíbrio comórbidas. *Research in Developmental Disabilities 30(3),* 486-95.

Barth, J., Povinelli, D., & Cant, J. (2006). Origens corporais do self. Em D. Beike, J. Lampmen, & D. Behrend (Eds.), *The self and memory* (pp. 11-43). New York: Psychology Press.

Bastian, V. A., Burns, N. R., & Nettelbeck, T. (2005). Emotional intelligence predicts life skills, but not as well as personality and cognitive abilities. *Personality and Individual Differences, 39,* 1135-1145.

Bearman, S. K., Presnell, S., Martinez, E., & Stice, E. (2006). The skinny on body dissatisfaction: A longitudinal study of adolescent girls and boys. *Journal of Youth and Adolescence, 35,* 229-241.

Becker, A. (1995). *Kishrei gomlin bein digmei yachasi bein-ishi'im shel imahot l'vein dfusei ha'tzmidut shelyaldeihem* [Mutualidade entre exemplos de relações interpessoais das mães e os padrões de vinculação dos seus filhos]. Tel Aviv: Tel Aviv University Press.

Ben-Arieh, A., Casas, F., Frones, I. & Korbin, J. E. (2014) Multifaceted concept of child wellbeing. In: A. Ben-Arieh, I. Frones, F. Casas & J. E. Korbin (Eds.), *Handbook of Child WellBeing. Theory, Indicators, Measures and Policies* (*Teoria, Indicadores, Medidas e Políticas*) (pp. 1-27). Springer, Springer Science+Business Media Dordrecht, Países Baixos.

Bentham, J. (1789). *An introduction to the principles of morals and legislation.* Garden City: Doubleday.

Besharat, M. A., & Pishva, N. (2011). Estilo de apego de relacionamento com perfeccionismo positivo e negativo. *Procedia-Social and Behavioral Sciences, 30,* 402-406.

Besser, A., Amir, M., & Barkan, S. (2004). Quem assina um cartão de dador de transplante de órgãos? A study of personality and individual differences in a sample of Israeli university students (Um estudo da personalidade e das diferenças individuais numa amostra de estudantes universitários israelitas). *Personality and Individual Differences, 36,* 1709-1723.

Bick, E. (1968). A experiência da pele nas primeiras relações de objeto. *International Journal of Psychoanalysis, 49,* 184-6.

Blodgett Salafia, E. H., Gondoli, D. M., Corning, A. F., McEnery, A. M., & Grundy, A. M. (2007). Psychological distress as a mediator of the relation between perceived maternal parenting and normative maladaptive eating among adolescent girls. *Journal of Counseling Psychology, 54,* 434-446.

Blyth, D. A., Hill, J. P., & Thiel, K. S. (1982). Early adolescents' significant others: Grade and gender differences in perceived relationships with familial and nonfamilial adults and young people. *Journal of Youth and Adolescence, 11*(6), 425-450.

Boutelle, K., Eisenberg, M. E., Gregory, M. L., & Neumark-Sztainer, D. (2009). The reciprocal relationship between parent-child connectedness and adolescent emotional functioning over 5 years. *Journal of Psychosomatic Research, 66*(4), 309-316.

Bowlby, J. (1982). *Attachment.* New York: Basic Books.

Bowlby, J. (1988). *A secure base: Parent-child attachment and healthy human development.* Nova Iorque: Basic Books.

Brackett, M. A., & Mayer, J. D. (2003). Convergent, discriminant, and incremental validity of competing measures of emotional intelligence (Validade convergente, discriminante e incremental de medidas concorrentes de inteligência emocional). *Personality and Social Psychology Bulletin, 29,* 1147-1158.

Brackett, M. A., Rivers, S. E., Shiftman, S., Lerner, N., & Salovey, P. (2006). Relacionar as capacidades emocionais com o funcionamento social: A comparison of self-report and performance measures of emotional intelligence. *Journal of Personality and Social Psychology 91,* 780-795.

Bradshaw, J., Keung, A., Rees, G., & Goswami, H. (2011). O bem-estar subjetivo das crianças: International comparative perspectives. *Children and Youth Services Review, 33,* 548-556.

Brazelton, T., Nugent, J., & Lester, B. (1987). Neonatal behavioural assessment scale (Escala de avaliação do comportamento neonatal). Em J. Osofsky (Ed.), *Handbook of infant development* (2ª ed., pp. 780-817). Nova Iorque: Wiley.

Brehm, A. M., & Kampfe, C. K. (1997). Creative Dance Improvisation: Fostering Creative Expression, Group Cooperation, and Multiple Intelligence. (ERIC Document Reproduction Service No. ED 425 401).

Brownell, C. A., Nichols, S. R., Svetlova, M., Zerwas, S., & Ramani, G. (2010). O osso da cabeça está ligado ao osso do pescoço: Quando é que as crianças pequenas representam a topografia do seu próprio corpo? *Child Development, 81(3)*, 797-801. doi:10.1111/j.1467-8624.2010.01434.x

Brownell, C. A., Zerwas, S., & Ramani, G. (2007). 'So big': The development of body selfawareness in toddlers. *Child Development,* 78, 1426-1440. doi:10.1111/j.1467-8624.2007.01075.x

Burlew, L. D., & Shurts, W. M. (2013). Homens e imagem corporal: Questões actuais e implicações de aconselhamento. *Journal of Counseling & Development, 91*(4), 428-435.

Busseri, M. A., & Sadava, S. W. (2011). Uma revisão da estrutura tripartite do bem-estar subjetivo: Implications for conceptualization, operationalization, analysis, and synthesis. *Revista de Psicologia Social e da Personalidade, 15*(3), 290-314.

Butterworth, G. (1992). Origins of self-perception in infancy (Origens da auto-perceção na infância). *Psychological Inquiry, 3,* 103-111. doi:10.1207/s15327965pli0302 1

Butterworth, G., & Hopkins, B. (1988). Hand-mouth coordination in the newborn human infant (Coordenação mão-boca no recém-nascido humano). *British Journal of Development Psychology, 6,* 303-314.

Byely, L., Archibald A. B., Graber J., Brooks-Gunn J. (2000). A prospective study of familial and social influences on girls' body image and dieting. *International Journal of Eating Disorders,* 28(2):155-64.

Campbell, A., Converse, P. E., & Rodgers, W. L. (1976). *The quality of American life: perceptions, evaluations, and satisfactions* (Vol. 3508). New York: Russell Sage.

Cao, H., Sun, Y., Wan, Y., Hao, J., & Tao, F. (2011). Uso problemático da Internet em adolescentes chineses e sua relação com sintomas psicossomáticos e satisfação com a vida. *BMC Public Health, 11*(1), 1-8.

Capon-Sohezki, P. (2007). *Ha'aracha atzmit, dimui guf, perfectsionism ve-hafraot achila etzel ne'arot mitbagrot ha'lomdot ballet* [Autoavaliação, imagem corporal, perfeccionismo e distúrbios alimentares entre adolescentes do sexo feminino que aprendem ballet]. (Tese de mestrado) Universidade de Haifa.

Carroll, P., Tiggemann, M., & Wade, T. (1999). The role of body dissatisfaction and bingeing in the self-esteem of women with type II diabetes. *Journal of Behavioral Medicine, 22*(1), 59-74.

Carter, J. S., Smith, S., Bostick, S., & Grant, K. E. (2014). Efeitos mediadores das relações pais-filhos e da imagem corporal na previsão de sintomas internalizantes em jovens urbanos. *Journal of Youth and Adolescence, 43*(4), 554-567.

Caruso, D. R., & Mayer, J. D. (1998). *A Measure of Emotional Empathy for Adolescents and Adults [Uma medida de empatia emocional para adolescentes e adultos].* Manuscrito não publicado.

Casas, F. (2011) Indicadores sociais subjectivos e bem-estar de crianças e adolescentes. *Child Indicators Research, 4,* 555-575.

Casas, F., Baltatescu, S., González, M., & Hatos, A. (2009). Semelhanças e diferenças no PWI de adolescentes romenos e espanhóis com idades compreendidas entre os 13 e os 16 anos. Trabalho apresentado na IX Conferência da Sociedade Internacional de Estudos sobre Qualidade de Vida. Florença, Itália.

Casas, F., Figuer, C., González, M., Malo, S., Alsinet, C., & Subarroca, S. (2007). O bem-estar dos adolescentes de 12 a 16 anos e dos seus pais: resultados de amostras espanholas de 1999 a 2003. *Investigação de Indicadores Sociais, 55*(1), 87-115.

Casas, F., González, M., Figuer, C., & Malo, S. (2009). Satisfação com a espiritualidade, satisfação com a religião e bem-estar pessoal entre adolescentes e jovens universitários espanhóis. *Investigação Aplicada em Qualidade de Vida, 4*(1), 23-45.

Casas, F., Sarriera, J. C., Alfaro, J., González, M., Bedin, L., Abs, D., ... & Valdenegro, B. (2014). Reconsiderando os domínios de vida que contribuem para o bem-estar subjetivo entre adolescentes com dados de três países. *Journal of Happiness Studies, 16*(2), 491-513.

Casas, F., Sarriera, J. C., Alfaro, J., González, M., Malo, S., & Bertran, I. (2012). Testando o índice de bem-estar pessoal em adolescentes de 12-16 anos em 3 países diferentes com 2 novos itens. *Social Indicators Research, 105*(3), 461-482.

Casas, F., Tiliouine, H., & Figuer, C. (2013). O bem-estar subjetivo de adolescentes de duas culturas diferentes: Aplicação de três versões do PWI na Argélia e em Espanha. Pesquisa de Indicadores Sociais.

Cash, T. F., & Henry, P. E. (1995). Women's body images: The results of a national survey in the U.S.A. *Sex Roles, 55*(1-2), 19-28.

Cash, T. F., & Smolak, L. (2011). Compreender as imagens do corpo: Perspectivas históricas e contemporâneas. Em T. F. Cash & L. Smolak (Eds.), *Body Image: A Handbook of Science, Practice, and Prevention* (pp. 3-11). New York: Guilford Press.

Cash, T. F., Thériault, J., & Milkewicz, N. (2004). Imagem corporal num contexto interpessoal: Adult Attachment, Fear of Intimacy and Social Anxiety. *Journal of Social and Clinical Psychology: 25*(1), 89-103.

Cassidy, J. (1988). Child-mother attachment and the self in six-year-olds. *Child Development, 59*, 121-134.

Cauce, A. M., Felner, R. D., & primavera, J. (1982). Social support in high risk adolescents: Componentes estruturais e impacto adaptativo. *American Journal of Community Psychology, 10*, 417-428.

Chan, D. W. (2004). Perceived emotional intelligence and self-efficacy among Chinese secondary school teachers in Hong Kong (Inteligência emocional percebida e auto-eficácia entre professores chineses do ensino secundário em Hong Kong). *Personality and Individual Differences, 56*, 1781-1795.

Chapple, C. L. (2003). *Escala de Vinculação Parental (PAS)*. Em Fischer, J., & Corcoran, K. (Eds., 2006), *Measures for Clinical Practice and Research: A Sourcebook Volume 1: Couples, Families, and Children* (pp. 388-389).

Chen, F. F., Jing, Y., Hayes, A., & Lee, J. M. (2013). Dois conceitos ou duas abordagens? Uma análise bifactorial do bem-estar psicológico e subjetivo. *Journal of Happiness Studies, 14*(3), 1033-1068.

Cheng, H. L. & Mallinckrodt, B. (2009). Parental Bonds, Anxious Attachment, Media Internalization, and Body Image Dissatisfaction: Exploring a Mediation Model, *Journal of Counseling Psychology, 56*(3), 365-375.

Coccia, C., Darling, C., Rehm, M., Cui, M., & Sathe, S. (2012). Saúde do adolescente, stress e satisfação com a vida: O paradoxo da parentalidade indulgente. *Journal of Stress & Health, 28,* 211-221.

Cohen, J. (2006). Educação social, emocional, ética e académica: Criar um clima para a aprendizagem, a participação na democracia e o bem-estar. *Harvard Educational Review 76,* 201-237.

Collins, N. L., & Feeney, B. C. (2004). Working models of attachment shape perceptions of social support: Evidence from experimental and observational studies. *Journal of Personality and Social Psychology, 87*(3), 363.

Cong, L., & May, O. L. (2013). Cognitive, personality, and social factors associated with adolescents' online personal information disclosure. *Journal of Adolescence, 36(4),* 629-638.

Cooley, E., Toray, T., Wang, M. C., & Valdez, N. N. (2008). Maternal effects on daughters' eating pathology and body image (Efeitos maternos na patologia alimentar e imagem corporal das filhas). *Eating Behaviors 9,* 52-61.

Coombes, L., Appleton, J., Allen, D. & Yerrell, P. (2013) Saúde emocional e bem-estar nas escolas: envolver os jovens. *Children & Society, 27,* 220-232.

Coslett, H., Saffran, E., & Schwoebel, J. (2002). Conhecimento do corpo humano: Um domínio semântico distinto. *Neurology, 59,* 357-363.

Crespo, C., Kielpikowski, M., Jose, P. E., & Pryor, J. (2010). Relações entre conexão familiar e satisfação corporal: Um estudo longitudinal de raparigas e rapazes adolescentes. *Journal of Youth and Adolescence, 39*(12), 1392-1401.

Crowell, J. & Treboux, D. (1995). A Review of Adult Attachment Measures: Implications for Theory and Research. *Social Development, 4,* 294-327.

Cummins, R. A. (1995). On the trail of the gold standard for subjective well-being. *Social Indicators Research, 35*(2), 179-200.

Cummins, R. A. (1998). The second approximation to an international standard for life satisfaction (A segunda aproximação a um padrão internacional de satisfação com a vida). Social Indicators Research, *43*(3), 307-334.

Cummins, R. A. (2000). Qualidade de vida objetiva e subjectiva: Um modelo interativo. *Social Indicators Research, 52,* 55-72.

Cummins, R. A. (2003). Normative life satisfaction: measurement issues and a homeostatic model. *Social Indicators Research, 64*(2), 225-256.

Cummins, R. A. (2005). On the trail of the gold standard for subjective well-being. *Social Indicators Research, 35*(2), 179-200.

Cummins, R. A. (2010). Bem-estar subjetivo, humor homeostaticamente protegido e depressão: A synthesis. *Journal of Happiness Studies, 11,* 1-17.

Cummins, R. A. (2014). Compreendendo o bem-estar de crianças e adolescentes por meio da teoria homeostática. Em A. Ben-Arieh, F. Casas, I. Frones, & J. E. Korbin (Eds.), *Handbook of child well-being* (pp. 635-661). Dordrecht: Springer.

Cummins, R., & Lau, A. (2005). Índice de bem-estar pessoal - crianças em idade escolar. Victoria: Centro Australiano de Qualidade de Vida, Escola de Psicologia, Universidade de Deakin.

Cummins, R. A., Li, N., Wooden, M., & Stokes, M. (2014). Uma demonstração de set-points para o bem-estar subjetivo. *Journal of Happiness Studies, 15(1),* 183-206.

Cummins, R. A., Mellor, D., Stokes, M. A., e Lau, A. L. D. (2010). The measurement of subjective wellbeing (A medição do bem-estar subjetivo). Em E. Mpoiii e T. Oakland (Eds.), *Rehabilitation and health assessment: Applying ICF guidelines* (pp. 409-426). Nova Iorque: Springer Publishing Company.

Cummins, R. A., & Nistico, H. (2002). Maintaining life satisfaction: The role of positive bias. *Journal of Happiness Studies, 3,* 37-69.

Cummins, R. A., & Weinberg, M. K. (2015). Medição de vários itens de bem-estar subjetivo:

Abordagens subjectivas (2). In *Global Handbook of Quality of Life* (pp. 239-268). Springer Holanda.

Cummins, R. A., Woerner, J., Gibson, A., Weinberg, M., Collard, J., & Chester, M. (2009). Índice de bem-estar da unidade australiana: Inquérito 21. The wellbeing of Australians-Gambling, chocolate and swine flu (O bem-estar dos australianos - jogos de azar, chocolate e gripe suína). Melbourne: Centro Australiano de Qualidade de Vida, Escola de Psicologia, Universidade de Deakin.

Damásio, A. (1997). Descartes' Irrturn Fuhlen, Denken und das menschliche Gehirn Munchen: dtv.

Danielsen, R., & Cawley, J. (2007). Compaixão e integridade no ensino das profissões da saúde. *Journal of Allied Health Science and Practice, 5*(2), 1-9.

Davern, M., Cummins, R. A., & Stokes, M. (2007). Subjective Wellbeing as an affective-cognitive construct. *Journal of Happiness Studies, 8,* 429-449.

Davis, M. A. (2009). Uma perspetiva sobre o cultivo da empatia clínica. *Terapias Complementares na Prática Clínica, 15,* 76-79.

Davis, M. H. (1980). Uma abordagem multidimensional das diferenças individuais na empatia. *JSAS Catalog of Selected Documents in Psychology, 10,* 85-102.

Davis, M. H. (1983). Measuring individual differences in empathy: evidence for multidimensional approach. *Journal of Personality and Social Psychology, 44,* 113-136.

Davison, K., & Birch, L. (2001). Childhood overweight: a contextual model and recommendations for future research. *Obes Rev. 2*(3):159-71.

Delfabbro, P. H., Winefield, A. H., Anderson, S., Hammarstrom, A., & Winefield, H. (2011). Imagem corporal e bem-estar psicológico em adolescentes: a relação entre género e tipo de escola. *The Journal of Genetic Psychology, 172(1),* 67-83.

Diener, E. (1984). Subjective well-being. *Psychological Bulletin, 95,* 542-575.

Diener, E. (1994). Avaliação do bem-estar subjetivo: Progress and opportunities. *Social Indicators Research, 31*(2), 103-157.

Diener, E. (2000). Bem-estar subjetivo: The science of happiness, and a proposal for a national index. *American Psychologist, 55,* 34-43.

Diener, E. (2006). Orientações para indicadores nacionais de bem-estar subjetivo. *Journal of Happiness Studies, 7,* 397-404.

Diener, E., & Diener, C. (1996). A maioria das pessoas é feliz. *Psychological Science 7*(3), 181-184.

Diener, E., Lucas, R. E., & Oishi, S. (2002). Subjective well-being, the science of happiness and life satisfaction. Em C. R. Snyder & S. J. Lopez (Eds.), *Handbook of positive psychology* (pp. 63-73). Oxford, Reino Unido: Oxford University Press.

Diener, E., Oishi, S., & Lucas, R. E. (2003). Personalidade, cultura e bem-estar subjetivo: Emotional and cognitive evaluations of life. *Annual Review of Psychology, 54,* 403-425.

Diener, E., Oishi, S., & Lucas, R. E. (2009). Subjective well-being: A ciência da felicidade e da satisfação com a vida. Em S. J. Lopez & C. R. Snyder (Eds.), *Oxford handbook of positive psychology* (pp. 187-194). Oxford: Oxford University Press.

Diener, E., Suh, E. M., Lucas, R. E., & Smith, H. L. (1999). Subjective well-being: three decades of progress. *Psychological Bulletin, 125(2),* 276.

Diener, E., Wolsic, B., & Fujita, F. (1995). Physical attractiveness and subjective wellbeing (Atratividade física e bem-estar subjetivo). *Journal of Personality and Social Psychology, 69,* 120-129.

Dinisman, T., & Ben-Arieh, A. (2015). As caraterísticas do bem-estar subjetivo das crianças. *Social Indicators Research*, 1-15.

Dodge, R., Daly, A. P., Huyton, J., & Sanders, L. D. (2012). O desafio de definir o bem-estar. *International Journal of Wellbeing, 2*(3).

Duan, C., & Hill, C. E. (1996). A fase atual da investigação sobre empatia. *Journal of Counseling Psychology, 43,* 261-274.

Eid, M., & Diener, E. (2004). Julgamentos globais de bem-estar subjetivo: Situational variability and longterm stability. *Social Indicators Research, 65*(3), 245-277.

Elias, M. J. (2006). As Necessidades das Crianças III. Em M. J. Elias (Ed.), *Social and Emotional Learning* (pp. 1-14). Nova Iorque: Teachers College Press; Zins Thousand Oaks, CA: Corwin.

Elmore, G. M., & Huebner, E. S. (2010). Satisfação dos adolescentes com as experiências escolares: Relationships with demographics, attachment relationships, and school engagement behavior. *Psychology in the Schools, 47*(6), 525-537.

Engeln, R., Sladek, M. R., & Waldron, H. (2013). Conversa sobre o corpo entre homens universitários: Content, correlates, and effects. *Body image, 10*(3), 300-308.

Ergur, D. O. (2009). Como é que os profissionais da educação se podem tornar emocionalmente inteligentes? *Procedia Social and Behavioral Sciences, 1,* 1023-1028.

Erikson, E. H. (1950). *Childhood and society* (pp. 403-426), Nova Iorque: Norton Company.

Erikson, E. (1968). *Identidade: Youth and crisis.* New York: Norton.

Fallon, A. (1990). Culture in the mirror: Socio-cultural determinants of body image. Em T. F. Cash & T. Pruzinstky (Eds.), *Body images: Development, deviance, and change* (pp.80-109). New York: Guilford Press.

Fattore, T., Mason, J. & Watson, E. (2007) Children's conceptualisation(s) of their well-being. *Social Indicators Research, 80,* 5-29.

Fattore, T., Mason, J., & Watson, E. (2009). Quando se pergunta às crianças sobre o bem-estar: Towards a framework for guiding policy. *Child Indicator Research, 2,* 57-77.

Federn, P. (1952). *Ego psychology and the psychoses.* Nova Iorque: Basic Books.

Fein, H. (2004). *Mahol ve-tnua yotzeret b'avoda kvutzatit* [Dança de grupo e movimento criativo]. Holon: Re'emim Offset Publishers, Ltd.

Fernandez-Berrocal, P., & Extremera, N. (2006). Inteligência emocional: Uma revisão teórica e empírica dos seus primeiros 15 anos de história. *Psicothema, 18*, 7-12.

Field, A. E., Coakley, E. H., Must, A., Spadano, J., Laird, N., Dietz, W., Rimm, E., & Colditz, G. (2001). Impacto do excesso de peso no risco de desenvolver doenças crónicas comuns durante um período de 10 anos. *Archives of Internal Medicine 161(3),* 1581-1586.

Filer, J. (2006). SDM e o seu papel na terapia familiar. Em C. Hill (Ed.), *Communicating through movement (Comunicação através do movimento)* (pp. 52-61). Clent: Sunfield Publications.

Finzi-Dotan, R., & Sharon-Gerty, R. (2010). Tze-irim b-sikun im yetzi-atam le-chayim atzmayim: trumatam shel me-af-yaney hitkashrut ve-tfisat mesugalut atzmit la-briyut nafshit ve-tfisat atid [Adolescentes em risco ao tornarem-se independentes: Contribuição das caraterísticas da vinculação e do sentido de auto-eficácia para a saúde mental e a perceção do futuro]. *Hevra Ve-revacha* [Sociedade e bem-estar], *56*(3-4), 423-452.

Fisher, S. (1990). The evolution of psychological concept about the body. Em T. F. Cash & T. Pruzinstky (Eds.), *Body images: Development, deviance, and change.* N.Y.: Guilford Press.

Fisher, S., & Cleveland, S. E. (1958). Body image and personality (Imagem corporal e personalidade). New York: Dover Publications.

Fleming, C. B., Catalano, R. F., Haggerty, K. P., & Abbott, R. D. (2010). Relações entre nível e mudança na família, escola e fatores de pares durante dois períodos da adolescência e comportamento problemático aos 19 anos. *Journal of Youth and Adolescence, 39(6),* 670-682.

Florian, V., & Drory, Y. (1990). Tchunot normativiyot (MHI) she'elon ha'briut ha'nafshit [Questionário do Inventário de Saúde Mental (MHI): Caraterísticas normativas e dados na população israelita]. *Psicologia B(1),* 26-35.

Flum, H. (1995). *Mitbagrim be-Yisrael: Hebaytim ishi'im, mishpahti'im ve-hevruti'im* [Adolescentes em Israel: Aspectos pessoais, familiares e sociais]. Even Yehuda, Israel: Reches, 123-145.

Fraley, R. C. & Shaver, P. R. (2000). Adult Romantic Attachment: Theoretical Developments, Emerging Controversies, and Unanswered Questions. *Review of General Psychology, 4*(2), 132-154.

Frederick, D. A., Buchanan, G. M., Sadehgi-Azar, L., Peplau, L. A., Haselton, M. G., & Berezovskaya, A. (2007). Desiring the muscular ideal: Men's body satisfaction in the United States, Ukraine, and Ghana. *Psychology of Men & Masculinity, 8,* 103-117.

Fredrickson, B. L., & Roberts, T. (1997). Teoria da objectificação: Toward understanding women's lived experiences and mental health risks. *Psychology of Women Quarterly, 21,* 173-206.

Frisen, A., Lunde, C., & Hwang, P. (2009). Peer victimisation and its relationships with perceptions of body composition. *Estudos Educacionais, 35,* 337-348.

Gallagher, S. (2005). How the Body Shapes the Mind (Como o corpo molda a mente). EUA: Oxford University Press.

Galli, N., Reel, J. J., Petrie, T., Greenleaf, C., & Carter, J. (2011). Preliminary development of the weight pressures in sport scale for male athletes (Desenvolvimento preliminar da escala de pressões de peso no desporto para atletas do sexo masculino). *Journal of Sport Behavior, 34*(1), 47-68.

Garner, D. M., & Garfinkel, P. E. (1980). Socio-cultural factors in the development of anorexia nervosa. *Psychol. Med 10,* 647-56.

Gibbs, C. (2003). Explaining effective teaching: self-efficacy and thought control of action. *Journal of Educational Enquiry, 4,* 1-14.

Gilman, R., & Huebner, E. S. (2000). Revisão das medidas de satisfação com a vida para adolescentes. *Behaviour Change, 17*(03), 178-195.

Gilman, R., & Huebner, E. S. (2003). A review of life satisfaction research with children and adolescents. *School Psychology Quarterly, 18*(2), 192-205.

Godin, G., & Shepard, R. J. (1985). A simple method to assess exercise behavior in the community. *Sport Science, 10*(3), 141-146.

Goldbeck, L., Schmitz, T. G., Besier, T., Herschbach, P., & Henrich, G. (2007). Life satisfaction decreases during adolescence. *Quality of Life Research, 16*(6), 969-979.

Goldenberg, G. (2003). Perturbações da perceção e da representação do corpo. Em T. Feinberg & M. Farah (Eds.), *Behavioural neurology and neuropsychology* (pp. 285-294). New York: The McGrawHill Companies.

González, M., Gras, M. E., Malo, S., Navarro, D., Casas, F., & Aligué, M. (2015). A Perspetiva dos Adolescentes sobre a sua Participação no Contexto Familiar e a sua Relação com o seu Bem-Estar Subjetivo. *Investigação de Indicadores da Criança, 8*(1), 93-109.

Gooperstein, R. 2004. Palavra-movimento-palavra e o que há entre elas - toque, palavra e movimento em questões pessoais. (Tese de mestrado não publicada). Escola de Artes e Ciências Sociais da Universidade de Lesley, Cambridge, MA.

Gray, S. H. (1977). Aspectos sociais da imagem corporal: Perceção da normalidade do peso e afeto dos estudantes universitários. *Percetual and Motor Skills, 45,* 1035-1040.

Greenberg, L., & Ben Bessat, V. (2009). Tfisat dimui atzmi, dimui guf, hergelei pe'ilut gufanit ve- tzuna b'kerev mitbagrot [Perceção da autoestima, imagem corporal e hábitos de exercício e nutrição entre raparigas adolescentes]. *B'Tnua (Em Movimento), 9*(2), 217-236.

Greenberg, M. T., Siegel, J. M., & Leitch, C. J. (1983). The nature and importance of attachment relationships to parents and peers during adolescence. *Journal of Youth and Adolescence, 12*(5), 373-386.

Grogan, S. (1999). *Body image: understanding body dissatisfaction in men, women and children (Imagem corporal: compreender a insatisfação corporal em homens, mulheres e crianças).* London: Routledge.

Grogan, S. (2008). *Body image: Understanding body dissatisfaction in men, women and children* (2ª ed.). London: Taylor and Francis.

Grogan, S., & Richards, H. (2002). Grupos de discussão sobre imagem corporal com rapazes e homens. *Men and masculinities, 4(3),* 219-232.

Gross-Manos, D., Shimoni, E., & Ben-Arieh, A. (2015). Medidas de bem-estar subjetivo testadas com crianças de 12 anos em Israel. *Child Indicators Research, 8*(1), 71-92.

Grover, V. P., Keel, P. K., & Mitchell, J. P. (2003). Gender differences in implicit weight identity

(Diferenças de género na identidade implícita do peso). *International Journal of Eating Disorders, 34,* 125-135.

Hall, A., & Brown, L. B. (1982). A comparison of the attitudes of young anorexia nervosa patients and non-patients with those of their mothers. *British Journal of Psychology, 56,* 39-48.

Haywood, K. M. (1993). Life Span Motor Development (Desenvolvimento motor ao longo da vida). Champaign: Human Kinetics.

Hazan, C. & Shaver, P. R. (1987). Romantic Love Conceptualized as an Attachment Process. *Journal of Personality and Social Psychology, 52(3),* 511-524.

Headey, B., & Wearing, A. (1989). Personality, life events, and subjective wellbeing: Toward a dynamic equilibrium model. *Journal of Personality and Social Psychology, 57*(4), 731-739.

Headey, B., & Wearing, A. (1992). *Understanding happiness: A theory of subjective wellbeing.* Melbourne: Longman Cheshire.

Heisel, M., & Flett, G. (2004). Purpose in life, satisfaction with life, and suicide ideation in a clinical sample (Objetivo na vida, satisfação com a vida e ideação suicida numa amostra clínica). *Journal of Psychopathology and Behavioral Assessment, 26(2),* 127-135.

Helfert, S., & Warschburger, P. (2011). Um estudo prospetivo sobre o impacto da pressão dos pares e dos pais na insatisfação corporal em raparigas e rapazes adolescentes. *Body Image, 8*(2), 101-109.

Hen, M., & Goroshit, M. (2010). Inteligência emocional e empatia no ensino superior. *The Journal of Social Work Education, 6,* 250-276.

Herman, P. J. (1983). Aplaudir o Movimento! O pequeno-almoço para a aprendizagem. *Terapia Académica, 19(2),* 167-174.

Hill, C. (2006). *Comunicar através do movimento.* Clent: Sunfield Publications.

Hodgson, L. K., & Wertheim, E. H. (2007). Será que uma boa gestão das emoções ajuda a perdoar? Multiple dimensions of empathy, emotion management and forgiveness of self and others (Múltiplas dimensões da empatia, gestão das emoções e perdão de si próprio e dos outros). *Journal of Social and Personal Relationships, 24,* 931-949.

Hoffman, D. M. (2009). Reflectindo sobre a aprendizagem social e emocional: Uma perspetiva crítica das tendências nos Estados Unidos. *Review of Educational Research, 79,* 533-556.

Holsen, I., Jones, D. C., & Birkeland, M. S. (2012). Satisfação com a imagem corporal entre adolescentes e jovens adultos norueugueses: Um estudo longitudinal da influência das relações interpessoais e do IMC. *Body Image, 9*(2), 201-208.

Holzgraefe, S. (2003). Lado a lado: Reinventing mother/daughter relationships. (Tese de Mestrado) Universidade do Norte do Texas.

Huebner, E. S. (1991). Initial development of the student's life satisfaction scale (Desenvolvimento inicial da escala de satisfação com a vida do estudante). *School Psychology International, 12*(3), 231-240.

Huebner, E.S. (1994) Preliminary development and validation of a multidimensional life satisfaction scale of children. *Psychological Assessment, 6(2),* 149-158.

Huebner, E. S. (2010). Estudantes e escolaridade: Does happiness matter? *NASP Communique", 39*(1), 3.

Huebner, E. S., Antaramian, S. P., Hills, K. J., Lewis, A. D., & Saha, R. (2011). Stability and predictive validity of the brief multidimensional Students' life satisfaction scale. *Child Indicators Research, 4*(1), 161-168.

Huebner, E. S., & Dew, T. (1996). The interrelationships of positive affect, negative affect, and life satisfaction in an adolescent sample. *Social Indicators Research, 38*(2), 129-137.

Huebner, E. S., Hills, K. J., Jiang, X., Long, R. F., Kelly, R., & Lyons, M. D. (2014). A escolaridade e o bem-estar subjetivo das crianças. Em A. Ben-Arieh, F. Casas, I. Frones, & J. E. Korbin (Eds.), *Handbook of child well-being* (pp. 797-819). Dordrecht: Springer.

Hurd Clarke, L., & Griffin, M. (2007). Tornar-se e ser genderizado através do corpo: Older women, mothers and body image. *Ageing and Society, 27*(5), 701-718.

Ikiz, F. E. (2009). Investigação da empatia do conselheiro em relação a escolas seguras. *Procedia Social and Behavioral Sciences, 1,* 2057-2062.

Grupo Internacional para o Bem-Estar. (2006). Índice de Bem-estar Pessoal-Adulto (PWI-A). Grupo Internacional de Bem-estar (2013). Índice de bem-estar pessoal-adulto-manual, 5ª versão. Melbourne: Centro Australiano de Qualidade de Vida, Universidade de Deakin. Obtido em 10 de dezembro de 2015 em http://www.deakin.edu.au/research/acqol/instruments/wellbeing-index/pwi-a-english.pdf.

Irwin, T. H. (1994). Happiness, virtue and morality (Felicidade, virtude e moralidade). *Ethics, 105,* 153-177.

Ivcevic, Z., Brackett, M. A., & Mayer, J. D. (2007). Emotional intelligence and emotional creativity (Inteligência emocional e criatividade emocional). *Journal of Personality, 75,* 200-234.

Jaeger, A. J. (2003). Competências profissionais e o currículo: An inquiry into emotional intelligence in graduate professional education. *Investigação no Ensino Superior, 44,* 615-639.

Jaffe, K., & Worobey, J. (2006). Mothers' attitudes toward fat, weight and dieting in themselves and their children (Atitudes das mães em relação à gordura, ao peso e à dieta em si próprias e nos seus filhos). *Body Image Journal, 3,* 113-120.

Jennings, P. A., & Greenberg, M. T. (2009). A Sala de Aula Prosocial: Teacher social and emotional competence in relation to student and classroom outcomes (A competência social e emocional do professor em relação aos resultados dos alunos e da sala de aula). *Review of Educational Research, 79,* 1491-1525.

Jones, D. C., & Crawford, J. K. (2005). Rapazes adolescentes e imagem corporal: Weight and muscularity concerns as dual pathways to body dissatisfaction. *Journal of Youth and Adolescence, 34*(6), 629-636.

Joyce, M. (1994). *First Steps in Teaching Creative Dance to Children (Primeiros passos no ensino da dança criativa a crianças).* Mountain View, CA: Mayfield.

Jung, C. G. (1989). *Memórias, Sonhos, Reflexões.* Nova Iorque: Vintage books: Random House Inc.

Kelchtermans, G. (2005). As emoções dos professores nas reformas educativas: Auto-entendimento, compromisso vulnerável e micro literacia política. *Ensino e Formação de Professores, 21*(8), 995-1006.

Kenemor, E., & Spira, M. (1996). As mães e as suas filhas adolescentes: Transições e transformações. *Child and Adolescent Social Work Journal, 13*(3), 225-240.

Kenny, M. E., Griffiths, J., & Grossman, J. (2005). Self-image and parental attachment among late adolescents in Belize. *Journal of Adolescence, 28(5),* 649-664.

Keyes, C. L. M. (2006). Mental health in adolescence: Is America's youth flourishing? *The American Journal of Orthopsychiatry, 76,* 395-402.

Keyes, C. L. M., Shmotkin, D., & Ryff, C. D. (2002). Otimização do bem-estar: o encontro empírico de duas tradições. *Journal of Personality and Social Psychology, 82,* 1007-1022.

Knauss, C., Paxton, F. J., & Alsaker, S. D. (2007). Relationships among body dissatisfaction, internalisation of the media body ideal and perceived pressure from media in adolescent girls and boys. *Body Image, 4*(4), 353-60.

Koepke, S., & Denissen, J. J. (2012). Dinâmica do desenvolvimento da identidade e separaçãoindividuação nas relações pais-filhos durante a adolescência e a idade adulta emergente-Uma integração conceitual. *Developmental Review, 32(1),* 67-88.

Konaka, J. (2006). Autismo, envolvimento e movimento de desenvolvimento de Sherborne. Em R. von Laban (Ed.) (1948), *Modern Educational Dance.* Londres: MacDonald & Evans.

Krueger, D. W. (2002). Perspectivas Psicodinâmicas sobre a Imagem Corporal. Em Cash, T. F. & Pruzinsky, T. (Eds.), Body image - A handbook of theory, research, and clinical practice (pp. 30-37). Nova Iorque-Londres: Guilford Press.

Kurtz, L. (2010). Dimui atzmi ve-dimui guf [Autoimagem e imagem corporal]. *Boletim informativo israelita de enfermagem oncológica, 19(4).*

Lanzer, R., Galor, Y., & Shoval, A. (1982). *Estar em Movimento - Orientação no Espaço.* Tel-Aviv: Instituto de Educação Física Wingate (em hebraico).

La Sorsa, V. A., & Fodor, I. G. (1990). Adolescent daughter/mid-life mother dyad. *Psychology of Women Quarterly, 14,* 593-606.

Liechty, T. (2009). *Body image and leisure among older women* (Dissertação de doutoramento). Universidade do Estado da Pensilvânia.

Liechty, T., & Yarnal, C. (2010). A imagem corporal das mulheres mais velhas: A life-course perspective. *Ageing & Society, 30,* 1197-1218.

Long, R. F., Huebner, E. S., Wedell, D. H., & Hills, K. J. (2012). Medindo o bem-estar subjetivo relacionado à escola em adolescentes. *American Journal of Orthopsychiatry, 82(1),* 50-60.

Magill, R. A. (1986). *Aprendizagem Motora: Concepts and Applications* (4th Ed**).** Dubuque, LA: Brown.

Main, M., & Solomon, J. (1986). Discovery of a new, insecure-disorganized/disoriented attachment pattern. Em M. Yogman & T. B. Brazelton (Eds.), *Affective development in infancy* (pp. 95-124). Nova Iorque: Ablex Publishing.

Malo, S., Navarro, D. & Casas, F. (2012). El uso de los medios audiovisuales en la adolescencia y su relación con el bienestar subjetivo: análisis cualitativo desde la perspetiva intergeneracional y de género. *Athenea Digital, 12*(3)**,** 27-49.

Mancini, A. D. (2008). Teoria da autodeterminação: Uma estrutura para o paradigma da recuperação. *Avanços no tratamento psiquiátrico, 14(5)* 358-365.

Manos, D., Sebastián, J., Bueno, M. J., Mateos, N., & De la Torre, A. (2005). A imagem corporal em relação à autoestima numa amostra de mulheres espanholas com cancro da mama em fase inicial. *Psicooncología, 2* (1), 103-116.

Marceau, K., Ram, N., & Susman, E. J. (2014). Desenvolvimento e labilidade na relação pai-filho durante a adolescência: Associações com o tempo e o tempo puberal. *Jornal de Pesquisa sobre Adolescência, 25* (3), 474-489.

Marsden, E. (2007). *Moving With Research.* REINO UNIDO: Sunfield Publication.

Mayer, J. D., & Geher, G. (1996). A inteligência emocional e a identificação da emoção. *Intelligence, 22,* 89-113.

Mayer, J., Roberts, R., & Barsade, S. G. (2008). Habilidades humanas: Inteligência emocional. *Annual Review of Psychology, 59,* 507-536.

Mayer, J. D., Salovey, P., & Caruso, D. R. (2000). A inteligência emocional como Zeitgeist, como personalidade e como capacidade mental. In: R. Bar-On, & J. D. A. Parker (Eds.), *The handbook of emotional intelligence* (pp. 92-117). New York: Jossey-Bass.

Mayseless, O., & Hai, I. (1998). Leaving-home transition in Israel: Alterações nas relações pais-adolescentes e adaptação ao serviço militar. *International Journal of Behavioral Development 22*(3), 589-609.

McCabe, K., Bray, M. A., Kehle, T. J., Theodore, L. A., & Gelbar, N. W. (2011). Promoting happiness and life satisfaction in school children (Promover a felicidade e a satisfação com a vida em crianças em idade escolar). *Jornal Canadiano de Psicologia Escolar, 26*(3), 177-192. Doi

McGue, M., Elkins, I., Walden, B., & Iacono, W. G. (2005). Percepções da relação pais-adolescente: uma investigação longitudinal. *Developmental Psychology, 41*(6), 971-984.

Meltzoff, A., & Moore, K. (1995). A compreensão das pessoas e das coisas pelos bebés: Da imitação do corpo à psicologia popular. Em J. Bermudez, A. Marcel, & N. Eilan (Eds.), *The body and the self* (p. 49). Cambridge, MA: MIT/Bradford Press.

Mencl, J., & May, D. R. (2009). The Effects of Proximity and Empathy on Ethical DecisionMaking (Os efeitos da proximidade e da empatia na tomada de decisões éticas): An Exploratory Investigation. *Journal of Business Ethics, 85,* 201-226.

Michael, S. L., Wentzel, K., Elliott, M. N., Dittus, P. J., Kanouse, D. E., Wallander, J. L., Pasch, K. E., Franzini, L., Taylor, W. C., Qureshi, T., Franklin, F. A., & Schuster, M. A. (2014). Fatores parentais e de pares associados à discrepância da imagem corporal entre meninos e meninas da quinta série. *Journal of Youth and Adolescence, 43*(1), 15-29.

Mikulincer, M. (1998). Modelos de trabalho de vinculação e o sentimento de confiança: An exploration of interaction goals and affect regulation. *Journal of Personality and Social Psychology, 74(5),* 1209-1224.

Mikulincer, M., & Shaver, P. R. (2010). *Attachment in adulthood: structure, dynamics, and change.* New York: Guilford Press.

Mintz, L. B. & Betz, N. E. (1986). Sex differences in the nature, realism, and correlates of body image. *Sex Rules, 25*(3/4), 185-195.

Minuchin, P. (1985). Famílias e desenvolvimento individual: Provocações do campo da terapia familiar.

Desenvolvimento da criança, 289-302.

Morgan, R., & Rochat, P. (1997). Intermodal calibration of the body in early infancy (Calibração intermodal do corpo na primeira infância). *Ecological Psychology, 9,* 1-23.

Morgan, M. L., Vera, E. M., Gonzales, R. R., Conner, W., Bena Vacek, K., & Dick Coyle, L. (2011). Bem-estar subjetivo em adolescentes urbanos: Interpersonal, individual, and community influences. *Youth & Society, 43*(2), 609-634.

Morin, A. J., Maiano, C., Marsh, H. W., Janosz, M., & Nagengast, B. (2011). The longitudinal interplay of adolescents' self-esteem and body image: A conditional autoregressive latent trajectory analysis. *Multivariate Behavioral Research, 46*(2), 157-201.

Moss, R. A. (1988). *Teoriyot al gil hitbagrut* [Teorias sobre a adolescência]. Tel Aviv: Sifriat HaPoalim.

Müller, U., Sokol, B., & Overton, W. (1998). Reframing a constructivist model of the development of mental representation: O papel das operações de ordem superior. *Developmental Review, 18,* 155- 201.

Associação Nacional de Assistentes Sociais. (2001). Raparigas adolescentes e imagem corporal. *Atualização da prática da Associação Nacional de Assistentes Sociais, 2*(4). http://www.naswdc.org/practice/adolescent_health/ah0204.asp

National Heart Foundation em associação com a Faculdade de Saúde Pública e o Departamento de Saúde, 2007. *Lightening the load: tackling overweight and obesity: a toolkit for developing local strategies to tackle overweight and obesity in children and adults.* [online] Londres: Department of Health. Disponível em: http://www.dh.gov.uk/en/Publicationsandstatistics/Publications/PublicationsPolicyandGuidance/dH_07 3936 [acedido em maio de 2009].

Nelson, D., & Low, G. (2005). Inteligência emocional: O papel da aprendizagem transformadora na excelência académica. *Texas Study of Secondary Education, 13,* 7-10.

Neve, N., Elad, R., & Ran, O. (2003). *Sociologia be-maagalei ha'hevra - hibrut* [Sociologia nos círculos sociais - socialização]. Tel Aviv: Reches.

O'Donnell, W. (1976). Adolescent self-esteem related to feelings towards parents and friends. *Journal of Youth and Adolescence, 5,* 179-185.

Offer, D., Ostrov, E., Howard, K. J., & Dolan, S. (1992). *Offer self-image questionnaire, revisto.* Los Angeles: Western Psychological Services.

Ogden, J., & Steward, J. (2000). The role of the mother-daughter relationship in explaining weight concern (O papel da relação mãe-filha na explicação da preocupação com o peso). *International Journal of Eating Disorders 28*(1), 78-83.

Olsson, C. A., McGee, R., Nada-Raja, S., & Williams, S. M. (2013). Um estudo longitudinal de 32 anos de caminhos de crianças e adolescentes para o bem-estar na idade adulta. *Journal of Happiness Studies, 14*(3), 1069-1083.

Onayli, S. (2010). *As relações entre a relação mãe-filha e o bem-estar da filha.* (Tese de Mestrado) Escola de Pós-Graduação em Ciências Sociais da Universidade Técnica do Médio Oriente.

Opengart, R. (2007). Revisão integrativa da literatura: A inteligência emocional no currículo do ensino básico e secundário e a sua relação com as necessidades do local de trabalho americano. *Human Resource*

Development Review, 6, 442-458.

Orbach, I. (1996). O papel da experiência corporal na auto-destruição. *Clinical Child Psychology and Psychiatry, 1,* 607-619.

Orbach, I., & Mikulincer, M. (1998). A Escala de Investimento Corporal: Construção e validação de uma escala de experiência corporal. *Psychological Assessment, 10(4),* 415-425. http://dx.doi.org/10.1037/1040-3590.10.4.415.

Orkibi, H., Ronen, T., & Assoulin, N. (2014). O bem-estar subjetivo de adolescentes israelenses que frequentam classes escolares especializadas. *Journal of Educational Psychology, 106(2),* 515-526.

Palgi, Y. (2008). *As relações dos acontecimentos extremos da vida e do bem-estar subjetivo com o funcionamento e a mortalidade na velhice: Uma investigação longitudinal.* Dissertação de doutoramento: Universidade de Tel Aviv, Israel.

Park, N. (2004). O papel do bem-estar subjetivo no desenvolvimento positivo dos jovens. *The Annals of the American Academy of Political and Social Science, 591*(1), 25-39.

Paxton, S. J., Eisenberg, M. E., & Neumark-Sztainer, D. (2006). Prospective predictors of body dissatisfaction in adolescent girls and boys: a five-year longitudinal study (Preditores prospectivos da insatisfação corporal em rapazes e raparigas adolescentes: um estudo longitudinal de cinco anos). *Developmental Psychology, 42(5),* 888-899.

Peterson, C. (2000). O futuro do otimismo. *American Psychologist, 55*(1), 44-55.

Piaget, J. (1953). *A origem da inteligência na criança.* Londres: Routledge & Kegan.

Pietrobelli , A., Faith, M. S., Allison, D., Gallagher, D., Chiumello, G., & Heymsfield, S. (1998). Body mass index as a measure of adiposity among children and adolescents: a validation study. *The Journal of pediatrics 132(2),* 204-210.

Pizarro, D. A., & Salovey, P. (2002). Ser e tornar-se uma boa pessoa: O papel da inteligência emocional no desenvolvimento moral e no comportamento. Em J. C. Aronson (Ed.), *Improving academic achievement: Impacto dos factores psicológicos na educação.* San Diego: Academic Press.

Pliner, P., Chaiken, S., & Flett, G. L. (1990). Gender differences in concern with body weight and physical appearance over the lifespan. *Personality and Social Psychology Bulletin, 16,* 263-273.

Polivy, J., Garner, D. M., & Garfinkel, P. E. (1986). Causes and consequences of the current preference for thin female physics. Em C. P. Herman, M. P. Zanna e E. T. Higgins (Eds.), *Physical appearance, stigma, and social behavior: Proceedings of the Third Ontario Symposium in Personality and Social Psychology* (pp. 89-112). Hillsdale: N.S. Erlbaum Associates.

Presnell, K., Bearman, S., & Stice. E. (2004). Factores de risco para a insatisfação corporal em rapazes e raparigas adolescentes: Um estudo prospetivo. *International Journal of Eating Disorders 36*(4): 389-401.

Proctor, C. L., Linley, P. A., & Maltby, J. (2009). Youth life satisfaction: A review of the literature. *Journal of Happiness Studies, 10*(5), 583-630.

Raja S., McGee, R., & Stanton, W. R. (1992). Perceived attachments to parents and peers and psychological well-being in adolescence. *Journal of Youth and Adolescence, 21(4),* 471-485.

Rees, G., & Dinisman, T. (2014). Comparando as experiências das crianças e avaliações de suas vidas em 11 países diferentes. *Child Indicators Research.* doi:10.1007/s12187-014-9291-1.

Rees, G., Goswami, H., & Bradshaw, J. (2010). *Developing an index of children's subjective wellbeing in England (Desenvolver um índice de bem-estar subjetivo das crianças em Inglaterra)*. Londres: The Children's Society.

Rees, G., Goswami, H., & Pople, L. (2013). *Relatório sobre a boa infância 2013*. Londres: The Children Society.

Rejeski, W., & Mihalko, S. (2001). Atividade física e qualidade de vida em adultos mais velhos. *Journal of Gerontology: Série A, 56A,* 23-35.

Rodin, J. (1992). Armadilhas para o corpo. New York: Morrow.

Ronen, T., & Seeman, A. (2007). Subjective well-being of adolescents in boarding schools under threat of war (Bem-estar subjetivo de adolescentes em internatos sob ameaça de guerra). *Journal of Traumatic Stress, 20*(6), 1053-1062.

Rosenbaum, M., & Ronen, T. (2013). Bem-estar emocional e competências de autocontrolo de crianças e adolescentes: The Israeli perspective. Em C. L. M. Keyes (Ed.), *Mental well-being* (pp. 209-229). New York: Springer.

Rosenblum, G. D., & Lewis, M. (1999). The relations among body image, physical attractiveness, and body mass in adolescence (As relações entre imagem corporal, atratividade física e massa corporal na adolescência). *Child Development, 70(1),* 50-64.

Ryff, C. D. (1989). A felicidade é tudo, ou não é? Explorações sobre o significado do bem-estar psicológico. *Journal ofpersonality and social psychology, 57*(6), 1069-1081.

Ryff, C. D., & Singer, B. H. (2008). Conhece-te a ti mesmo e torna-te o que és: Uma abordagem eudaimónica ao bem-estar psicológico. *Journal of Happiness Studies, 9,* 13-39.

Saha, R., Huebner, E., Suldo, S., & Valois, R. (2010). A longitudinal study of adolescent life satisfaction and parenting. *Child Indicators Research, 3*(2), 149-165.

Salovey, P. & Mayer, J. D. (1990). Emotional intelligence. *Imagination, Cognition, and Personality, 9,* 185-211.

Samman, E. (2007). Bem-estar psicológico e subjetivo: Uma proposta de indicadores comparáveis a nível internacional. *Oxford Development Studies, 35*(4), 459-486.

Sassi, E., Monroy, G., & Testa, I. (2005). Formação de professores sobre abordagens em tempo real: Orientações e materiais de formação baseados na investigação. *Educação Científica, 8,* 28-37.

Sawyer, M. G., Arney, F. M., Baghurst, P. A. Clark, J. J., Graetz, B. W., Kosky, R. J., Nurcombe, B., Patton, G. C., Prior, M. R., Raphael, B., Rey, J., Whaites, L. C., & Zubrick, S. R. (2000). The mental health of young people in Australia (A saúde mental dos jovens na Austrália). Mental Health and Special Programs Branch, Commonwealth Department of Health and Aged Care.

Schachter, E. P., & Ventura, J. J. (2008). Agentes de identidade: os pais como participantes activos e reflexivos na formação da identidade dos seus filhos. *Journal of Research on Adolescence, 18,* 449476.

Schilder, P. (1964). A imagem do corpo. Em M. L. Bender (Ed.), *Contributions to developmental neuropsychiatry* (pp. 42-60). Nova Iorque: International Universities Press.

Schimmack, U., Diener, E., & Oishi, S. (2002). Life-satisfaction is a momentary judgement and a stable personality characteristic: Use of chronically accessible and stable sources. *Journal of Personality, 70*(3),

345-384.

Schmalz, D. L., Deane, G. D., Birch, L. L., Davison, K. K. (2007). A longitudinal assessment of the links between physical activity and self-esteem in early adolescent non-Hispanic females. *J Adolesc Health 41(6)*, 559-565.

Schmuckler, M. (1996). Perceção intermodal visual-proprioceptiva na infância. *Infant Behaviour and Development, 19*, 221-232.

Schutte, N. S., Malouff, J. M., Hall, L. E., Haggerty, D. J., Cooper, J. T., Golden, C. J., & Dornheim, L. (1998). Desenvolvimento e validação de uma medida de inteligência emocional. *Personality and Individual Differences, 25*, 167-177.

Schutte, N. S., Malouff, J. M., Thorsteinsson, E. B., Bhullar, N., & Rooke, S. E. (2007). A meta- analytic investigation of the relationship between emotional intelligence and health (Uma investigação meta-analítica da relação entre inteligência emocional e saúde). *Personality and Individual Differences, 42*, 921-933.

Schwartz, D. J., Phares, V., Tantleff-Dunn, S., & Thompson, J. K. (1999). Body image, psychological functioning, and parental feedback regarding physical appearance. *International Journal of Eating Disorders, 25*(3), 339-343.

Schwoebel, J., Buxbaum, L., & Coslett, H. (2004). Representação do corpo humano na produção e imitação de movimentos complexos. *Cognitive Neuropsychology, 21*, 285-298.

Seligson, J. L., Huebner, E. S. & Valois, R. F. (2003). Preliminary validation of the Brief Multidimensional Students' Life Satisfaction Scale (BMSLSS). *Social Indicators Research, 61*, 121-145.

Shanahan, L., McHale, S. M., Crouter, A. C., & Osgood, D. W. (2007). Calor com mães e pais desde a infância até a adolescência: Within and between family comparisons. *Developmental Psychology, 43*, 551-563.

Shani-Sela, M. (2007). Dimui guf ve-havayat ha-guf bekerev bnai noar ba-alei netiyot hitabdut [Imagem corporal e experiência do corpo entre adolescentes suicidas]. Ensaio de doutoramento em filosofia. Ramat Gan, Israel: Universidade Bar Ilan.

Shapiro, J., Nguyen, V. P., Mourra, S., Boker, J. R., Ross, M., Thai, T. M., & Leonard, R. J. (2009). Relação dos projectos criativos em anatomia com o profissionalismo, o desempenho nos testes e o stress dos estudantes de medicina: um estudo exploratório. *Educação Médica, 9*, 65.

Shenaar-Golan, V., & Walter, O. (2015). Relação entre mãe e filha e a imagem corporal da filha. *Saúde, 7*, 547-559.

Sherborne, V. (2001). *Developmental Movement for Children: Mainstream, Special Needs and Preschool* (2ª ed). Londres: Worth Publishing.

Shoffner, M. (2009). O lugar do pessoal: Explorando o domínio afetivo através da reflexão na preparação dos professores. *Ensino e Formação de Professores, 25*, 783-789.

Shroff, H., & Thompson, J. K. (2006). Peer influences, body-image dissatisfaction, eating dysfunction and self-esteem in adolescent girls (Influências dos pares, insatisfação com a imagem corporal, disfunção alimentar e autoestima em raparigas adolescentes). *Journal of Health Psychology, 11*, 533-551.

Silva, M. (2006, abril). Insatisfação com a imagem corporal: Uma preocupação crescente entre os homens.

Boletim Informativo para a Saúde Mental http://www.msoe.edu/life_at_msoe/current_student_resources/student_resources/counseling_ser vices/newsletters_for_mental_h.

Skinner, C., & Spurgeon, P. (2005). Valorização da empatia e da inteligência emocional na liderança em saúde: um estudo sobre empatia, comportamento de liderança e eficácia dos resultados. *Health Services Management Research, 18,* 1-12.

Slater, A., Tiggemann, M., Hawkins, K., & Werchon, D. (2012). Apenas um clique: A content analysis of advertisements on teen websites. *Journal of Adolescent Health, 50,* 339-345.

Slaughter, V., & Heron, M. (2004). Origens e desenvolvimento precoce do conhecimento do corpo humano. *Monographs of the Society for the Research in Child Development, 69*(2), 1-102.

Sroufe, L. A., Fox, N. E., & Pancake, V. R. (1983) Attachment and dependency in developmental perspective. *Child Development, 54*(6), 1615-1627.

Steiger, H., Stotland, S., Ghadirian, A. M., & Whitehead, V. (1994). Estudo controlado de preocupações alimentares e caraterísticas psicopatológicas em familiares de probandos com perturbações alimentares: Existem traços familiares? *International Journal of Eating Disorders, 18,* 107-118.

Steinberg, L., Dahl, R., Keating, D., Kupfer, D. J., Masten, A. S., & Pine, D. S. (2006). O estudo da psicopatologia do desenvolvimento na adolescência: Integrando a neurociência afectiva com o estudo do contexto. Em D. C. D. J. Cohen (Ed.), *Developmental psychopathology, Vol. 2: Developmental neuroscience* (2ª ed., pp. 710-741). Hoboken, NJ: John Wiley.

Steinem, G. (1992). *Revolution from Within.* Boston: Little, Brown & Co.

Storch, M., Cantieni, B., Hüther, G., & Tschacher (2006): *Embodiment. Die Wechselwirkung von Körper und Psyche verstehen und nutzen.* Berna: Hans Huber.

Striegel-Moore, R. H., & Smolak, L. (2000). The influence of ethnicity on eating disorders in women. Em R. M. Eisler & M. Hersen (Eds.), *Handbook of gender, culture, and health* (pp. 227253). Mahwah, NJ: Lawrence Erlbaum Associates, Inc.

Suldo, S. M., & Huebner, E. S. (2006). Is extremely high life satisfaction during adolescence advantageous? *Social Indicators Research, 78(2),* 179-203.

Suldo, S. M., Huebner, E. S., Friedrich, A., & Gilman, R. (2009). Satisfação com a vida. Em R. Gilman, E. S. Huebner, M. Furlong (Eds.), *Handbook of positive psychology in the schools* (pp. 27-36). New York: Routledge Publications.

Sutton, R. E. (2004). Objectivos e estratégias de regulação das emoções. *Psicologia Social da Educação, 7,* 379-398.

Tamir, T. (2011). *Nashim le-gufan* [Mulheres nos seus corpos]. Ben Shemen, Israel: Modan.

Te'omim, S. (2006). *Mar'a mar'a she'al ha'kir, mi ha-yafa be-chol hair?* [Espelho, espelho na parede, quem é a mais bonita de todas?] http://lib.cet.ac.il/Pages/item.asp?item=13258&kwd=7424

Tettegah, S., & Anderson, C. J. (2007). Empatia e cognições dos professores em formação: Análise estatística de dados de texto através de modelos gráficos. *Contemporary Educational Psychology, 32,* 48-82.

Thompson, J. K., & Stice, E. (2001). Thin-ideal internalization: Mounting evidence for a Development and Implementation of the Body Logic Program for adolescents: Um programa de prevenção em duas fases para os distúrbios alimentares. *Cognitive and Behavioral Practice, 8,* 248-259.

Thompson, S. C., Thomas, C., Rickabaraugh, C. A., Tantamjarik, P., Otsuki, T., Pan, D., et al. (1998). Primary and secondary control over age-related changes in physical appearance. *Journal of Personality, 66*(4), 583-605.

Tian, L., Wang, D., & Huebner, E. S. (2015). Desenvolvimento e validação da escala de bem-estar subjetivo dos adolescentes na escola (BASWBSS). *Social Indicators Research, 120(2),* 615-634.

Tiggemann, M., & Lynch, J. E. (2001). Body image across the life span in adult women: the role of self-objectification. *Developmental Psychology, 37(2),* 243-253.

Tomyn, A. J., & Cummins, R. A. (2011a). Bem-estar subjetivo e humor homeostaticamente protegido: Validação da teoria com adolescentes. *Journal of Happiness Studies, 12*(5), 897-914.

Tomyn, A. J., & Cummins, R. A. (2011b). O bem-estar subjetivo dos estudantes do ensino secundário: Validando o índice de bem-estar pessoal - crianças em idade escolar. *Social Indicators Research, 101(3),* 405-418.

Valois, R. F., Zullig, K. J., Huebner, E. S., Kammermann, S. K., & Drane, J. W. (2002). Association between life satisfaction and sexual risk-taking behaviors among adolescents (Associação entre satisfação com a vida e comportamentos sexuais de risco entre adolescentes). *Journal of Child and Family Studies, 11(4),* 427-440.

Van Den Berg, P., Keery, H., Eisenberg, M., & Neumark- Sztainer, D. (2010). Maternal and Adolescent Report of Mothers' Weight- Related Concerns and Behaviors: Longitudinal Associations with Adolescent Body Dissatisfaction and Weight Control Practices (Associações longitudinais com insatisfação corporal do adolescente e práticas de controlo do peso). *Journal of Pediatric Psychology, 55*(10), 1093-1102.

Van der Velde, C. D. (1985). Imagem corporal de si próprio e dos outros: Developmental and clinical significance. *American Journal of Psychiatry, 142,* 527-537.

Veenhoven, R. (1988). The utility of happiness. *Social Indicators Research, 20*(4), 333-354.

Veit, C. T., & Ware, J. E. (1983). The structure of psychological distress and well-being in general populations. *Journal of Clinical and Consulting Psychology, 51,* 730-745.

Verstuyf, J., Van Petegem, S., Vansteenkiste, M., Soenens, B., & Boone, L. (2014). O corpo perfeito ideal e os objetivos de regulação alimentar: Investigando o papel dos estilos de identidade dos adolescentes. *Journal of Youth and Adolescence, 43(2),* 284-297.

Von Soest, T., & Wichstrom, L. (2009). Gender differences in the development of dieting from adolescence to early adulthood: Um estudo longitudinal. *Journal of Research on Adolescence, 19(3),* 509-529.

Wallander, J. L., Taylor, W. C., Grunbaum, J. A., Franklin, F. A., Harrison, G. G., Kelder, S. H., & Schuster, M. A. (2009). Weight Status, Quality of Life, and Self-concept in African American, Hispanic, and White Fifth-grade Children (Estado do peso, qualidade de vida e autoconceito em crianças afro-americanas, hispânicas e brancas do quinto ano). *Obesity, 17(7),* 1363-1368.

Walter, O., & Ben Zvi, L. (2011) Ha'rikud be'maagal u'bahalal ha'hofshi ve-hashpa'atam al visut rigshi, shlita atzmit, ve-thushat bitahon ba'gil ha'rach [Dança circular e dança livre e a sua influência na autorregulação, auto-controlo e sensação de segurança em crianças pequenas]. *Tipul Omanuti (Revista Académica de Terapias das Artes Criativas), 1*(1), 12-22.

Walter, O., & Hen, M. (2009). Movimento e inteligência emocional no ensino superior. *Revista Internacional de Aprendizagem, 16(8),* 101-116.

Walter, O., & Hen, M. (2012). Modelo de ensino do Sherborne Developmental Movement (SDM) para professores de pré-serviço. *Apoio à aprendizagem, 27*(1), 20-30.

Wang, X., & Zhang, D. (2012). A mudança da satisfação com a vida dos alunos do ensino médio e o efeito prospetivo da resiliência: Um estudo longitudinal de dois anos. *Psychological Development and Education, 6*(1), 91-98.

Weinfield, N. S., Sroufe, L. A., Egeland, B., & Carlson, E. (1999). The nature of individual differences in infant-caregiver attachment. Em J. Cassidy & P. Shaver (Eds.), *Handbook of attachment: Theory, research, and clinical applications* (pp.64-86). Nova Iorque: Guilford Press.

Weinshenker, N. (2002). Adolescência e Imagem Corporal. *School Nurse News, 19*(3), 6-12.

Weis, W. L., & Arnesen, D. W. (2007). "Porque a QE não pode ser contada": Fazendo algo sobre inteligência emocional. *Journal of Organizational Culture, Communications and Conflict, 11,* 113-123.

Winnicott, D. W. (1995). *Mishak ve-metziut* [Brincadeira e realidade]. Tel-Aviv: Am Oved.

Yap, S. T., & Baharudin, R. (2015). A relação entre o envolvimento parental percebido dos adolescentes, as crenças de autoeficácia e o bem-estar subjetivo: A Multiple Mediator Model. *Social Indicators Research,* 1-22.

Youniss, J. (1980). *Parents and peers in social development (Pais e pares no desenvolvimento social).* Chicago: The University of Chicago Press.

Youniss, J. & Smollar, J. (1985). Adolescent relations with mothers, fathers and friends. Chicago: The University of Chicago Press. http://lib.cet.ac.il/Pages/item.asp?item=13258&kwd=742

Zepf, S., & Hartmann, S. (2008). Algumas reflexões sobre empatia e contratransferência. *Journal of the American Psychoanalysis Association, 56,* 741.

Zhou, Q., Valiente, C., & Eisenberg, N. (2003). Empatia e sua medição. Em N. L. C. R. Snyder (Ed.), *Positive psychological assessment: A handbook of models and measures* (pp. 269281). Washington: American Psychological Association.

I want morebooks!

Buy your books fast and straightforward online - at one of world's fastest growing online book stores! Environmentally sound due to Print-on-Demand technologies.

Buy your books online at
www.morebooks.shop

Compre os seus livros mais rápido e diretamente na internet, em uma das livrarias on-line com o maior crescimento no mundo! Produção que protege o meio ambiente através das tecnologias de impressão sob demanda.

Compre os seus livros on-line em
www.morebooks.shop

Printed by Books on Demand GmbH, Norderstedt / Germany

Adolescentes, Pais, Imagem Corporal e Bem-Estar

Este livro destina-se a educadores profissionais, clínicos e estudantes de serviço social, educação e áreas afins que procuram conhecimentos teóricos actualizados e abordagens práticas para o tratamento de questões relacionadas com a consciência corporal e a imagem corporal. O livro inclui estudos centrados na perceção que a filha adolescente tem da sua relação com a mãe e a sua influência na sua imagem corporal e no efeito da relação dos rapazes adolescentes com os pais e o seu efeito na sua imagem corporal e bem-estar. O último capítulo passa da teoria à prática, apresentando sessões de actividades práticas implementadas durante um programa clínico académico. Estas sessões de actividades centram-se no desenvolvimento da consciência corporal e da imagem corporal como uma ferramenta no desenvolvimento da compreensão e da consciência para utilização na formação de estudantes nas áreas do trabalho social, psicologia e educação.

A Dra. Ofra Walter é professora catedrática na Faculdade Académica de Tel Hai e presidente do departamento de Educação. A Dra. Vered Shenaar-Golan é professora na Faculdade Académica de Tel Hai e diretora do programa de estudos de gestão e consultoria do programa M.S.W, Departamento de Serviço Social.

EDIÇÕES
NOSSO CONHECIMENTO

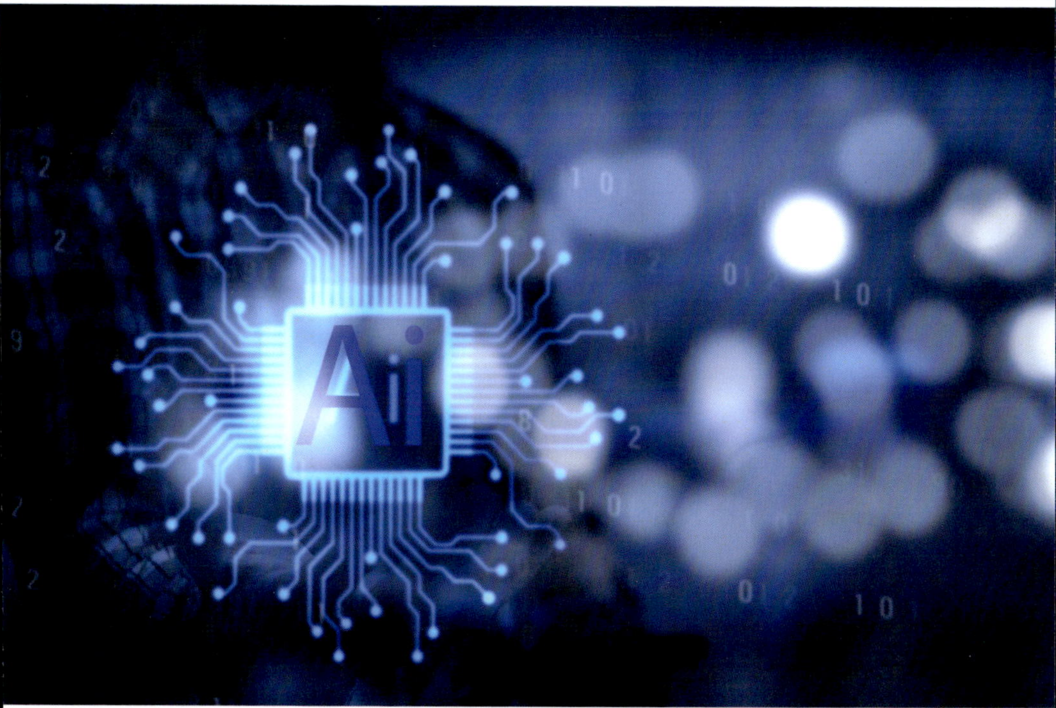

Redes neuronais artificiais na gestão de infra-estruturas subterrâneas

Shahide Dehghan
Hoosein Norouzi
Hossein Gholami